刘霄云 ◎ 著

学习之道

北清学子的高效学习法

北京大学出版社
PEKING UNIVERSITY PRESS

图书在版编目（CIP）数据

学习之道：北清学子的高效学习法 / 刘霄云著.
北京：北京大学出版社，2024.9. -- ISBN 978-7-301-35513-8

Ⅰ. G642.46

中国国家版本馆CIP数据核字第2024CM4922号

书　　　名	学习之道：北清学子的高效学习法
	XUEXI ZHI DAO: BEI QING XUEZI DE GAOXIAO XUEXI FA
著作责任者	刘霄云　著
责 任 编 辑	滕柏文
标 准 书 号	ISBN 978-7-301-35513-8
出 版 发 行	北京大学出版社
地　　　址	北京市海淀区成府路205号　100871
网　　　址	http://www.pup.cn　新浪微博：@北京大学出版社
电 子 邮 箱	编辑部 pup7@pup.cn　总编室 zpup@pup.cn
电　　　话	邮购部 010-62752015　发行部 010-62750672　编辑部 010-62570390
印 　刷 　者	河北博文科技印务有限公司
经 销 者	新华书店
	880毫米×1230毫米　32开本　6.75印张　156千字
	2024年9月第1版　2025年4月第2次印刷
印　　　数	4001—6000册
定　　　价	58.00 元

未经许可，不得以任何方式复制或抄袭本书之部分或全部内容。
版权所有，侵权必究
举报电话：010-62752024　电子邮箱：fd@pup.cn
图书如有印装质量问题，请与出版部联系。电话：010-62756370

内容简介

INTRODUCTION

本书依托几十位北清学霸的真实案例,深入浅出地介绍了他们的高效学习方法,旨在帮助读者提高学习效率、掌握学习方法、养成良好的学习习惯。

从学习动力、学习习惯、学习方法到时间管理、精力管理、情绪管理、心态管理,本书提供了全方位的指导,让读者通过轻松愉悦的阅读掌握实用且高效的学习技巧。无论你是小学生、初中生、高中生,还是大学生,只要你想提高学习成绩、提升学习能力,这本书都能为你提供有价值的帮助。通过阅读本书,你会发现,学习不是枯燥无味的事情,而是充满乐趣和成就感的事情。

此外,本书为家长提供了与孩子沟通、帮助孩子成长的家庭教育实用建议,助力家长成为孩子成长路上的引导者、同行者。

总之,《学习之道:北清学子的高效学习法》是一本难得的、全面的学习指南,致力于帮助大家在学习中实现质的飞跃,成为真正的学习高手。

现在,是时候迈出成为学霸的第一步了。翻开《学习之道:北清学子的高效学习法》,一起开启学霸之旅吧!

前言
PREFACE

2023年的夏天,新学期,开学季,我弟弟宣告"休学"。

作为准高二的学生,在同龄孩子都准备"往前冲"的阶段,他给自己按下了"暂停键"。

比我小十几岁的他对我说:"姐姐,我不想学习了,没有学习动力。我不知道自己喜欢什么,我也不知道为什么要努力。"

我好像能够在情感上体谅他,但无法真切地理解他的行为。父母说,他沉迷于游戏,上瘾了,逃避上学是因为想在家玩游戏。我想,深层原因绝不是这样。

我知道,他并非个例。有太多孩子到了青春期,甚至还没有到青春期,就开始逆反和厌学。我想帮助他,或者说,我想帮助千千万万个正在迷茫中寻找未来的"他"。那么,我要做的,是先找到他们缺失学习动力的真正原因,再对症下药。

彼时的我正在北京大学读研究生,于是,我决定带弟弟回北京。我和他约定,用一个月的时间,我帮助他调整生活状态，他成为我的第一个"调研对象"。就这样，我们开始了为期一个月的相处。

在这一个月的时间里，我深入观察了弟弟的学习模式、学习方法和学习习惯，有以下几点发现。

第一，他厌学的根源不是态度问题，而是能力问题。从他"几次尝试努力，但坚持不了一天就放弃"这件事上，我发现拖累他的不是"不想学"，而是"不会学"。因为没有正确的学习方法、学得太费劲、努力了也学不好，所以他在逐步丧失学习动力，越来越不想学，直至陷入厌学的负面循环。

第二，他成长中累积的困惑远比我们想象的多。我了解到，除了游戏的牵绊，他不想去学校的另一大原因是学校中有让他苦恼和厌烦的人际关系。人际关系问题，是我们在教育过程中经常忽视的问题。我们对孩子心理和情绪的关注远比不上对其学习成绩的关注，但心理和情绪的健康对孩子的成长来说更为重要。

第三，没有目标、没有动力的状态不仅影响着他的学习态度，还直接导致他的生活态度十分消极：每天浑浑噩噩，对日常生活里的事情提不起兴趣，聊起未来时非常迷茫，不想为任何事情付出努力。相较于学习成绩不理想，没有生活热情才是更加令人忧虑的。

在和他相处的过程中，我多次反思，教育的本质是什么？

前言

著名哲学家卡尔·雅思贝尔斯在他的《什么是教育》一书中提及，教育的本质意味着一棵树摇动一棵树，一朵云推动一朵云，一个灵魂唤醒一个灵魂。

我深以为然，并想再进一步：我希望我们唤醒的灵魂是有力量的，是想要通过自己的努力去创造价值并能够从中感受到幸福的。

像千万个家长一样，我希望我的弟弟，以及我未来的孩子，可以成长为有热爱、能自洽、有幸福感的人。

为时一个月的相处结束后，弟弟如我所愿，遵守约定，重返校园。但我知道，这个课题远没有完成，还有千千万万个家庭正陷在类似的、深深的焦虑中。

于是，我继续研究我能够为他们做些什么。

因为正在北京大学读研究生，我能接触到很多在北京大学和清华大学读书的学生，我发现，这些学生身上普遍有着一股能量——他们积极且自信，努力且坚定。

我想深度挖掘他们健康成长和高效学习的秘密。

抱着这个目的，第一步，我针对几十位家长和正在读初中、高中的孩子做了调研，收集了家长们在教育中、沟通中的难题和孩子们在学习中、成长中的困惑。我所调研的家庭来自不同的城市，有北京、上海、深圳这样的一线城市，也有小县城。家长们的职业及其为孩子营造的家庭环境各不相同，但这些被调研的家长有一个共同点，那就是很爱自己的孩子，希望自己的孩子能够学有所获、学有所成。调研结束后，我发现大家的难题和困惑主要集中在学习动力的调动、学习习惯的养成、学习方法的掌握、时间管理及精力管理的实现、情绪管理及心态管理的落地，以及家庭教育的优化等方面，这帮助我搭建了本书的主体架构。

第二步，基于调研收集到的问题，我深度访谈了几十位在北京大学、清华大学读书的学生，向他们请教如何调动学习动力，爱上学习；如何养成良好的学习习惯，受益终身；如何掌握高效的学习方法，让学习事半功倍；如何正确管理时间及精力，细水长流；如何调节情绪及心态，保持身心健康，并向他们询问是怎样的家庭教育在帮助他们成长、成才。

我希望能够为足够努力但苦于始终未掌握高效学习方法的孩子们、为学习动力不足的孩子们提供一份易学、有效的学霸学习秘籍。

在大家正式阅读本书正文之前，针对"为什么要学习"，以及"怎样高效学习"，我给大家分享3条我的认知。

第一，与获得骄人的学习成绩相比，在学习阶段磨练出勤勉品质更为重要，因为良好的品质是会伴随我们一生的宝贵财富。王阳明倡导"事上练"，学习中的一个个任务就是一件件"事"，我们要通过这些"事",把自己塑造为勤奋、努力的人。

第二,"好孩子"真的是家长"逼"出来的吗?我不这么认为。在学习这件事情上,我更赞成"成功是成功之母"这一说法。只有孩子掌握了好的学习方法,学习不费劲了,在成绩上获得正向反馈了,孩子才会主动学、乐意学,进而进入能够不断调动自主学习动力的正向循环。

第三,对孩子来说,尽早建立对自身学习能力的信心很重要,始终坚信"付出就有回报,努力就有收获"也很重要。学习的正向反馈带来的能量可以塑造一个孩子的性格,帮助他更加积极与自信地面对人生中的困难。

其实,我就是一个受益于学习的正向反馈带来的能量的人,从就读于国内非知名院校到考入英国新闻专业排名第一的高校,再到考入北京大学;从按部就班地成长的小县城姑娘到拼搏成中央电视台的主持人,再到自己创立教育公司,对自身学习能力的信心和对"付出就有回报,努力就有收获"的坚信让我不惧困难,在面对未来时有底气、有自信、有冲劲儿。

撰写此书,我的目标是帮助孩子们在学习上拿到好结果和正向反馈,从而获得自信与能量,带着更积极的心态和更强大的力量去迎接未来!加油!

刘霄云
于北京大学校园

（以下为部分接受深度访谈的学生，排名不分先后）

清华大学彭子年	清华大学2021级交叉信息研究院姚班人工智能方向，高考河南省第1名，理科总分732分，数学149分，英语149分
北京大学孟令北	北京大学2021级元培学院通用人工智能实验班，高考辽宁省理科第3名，总分707分，数学149分
北京大学赵俊皓	北京大学2020级光华管理学院金融专业，（山东省）高考理科总分699分
北京大学孙一杨	北京大学2023级光华管理学院，高考广西壮族自治区文科第1名，总分689分，语文139分，数学149分
北京大学杨翼南	北京大学2020级光华管理学院，高考上海市第一名
北京大学张恩泽	北京大学2022级光华管理学院金融专业，（湖北省）高考理科总分687分
北京大学范隽丞	北京大学2019级本科生，北京大学未来技术学院2023级直升博士生，生物竞赛湖南省第7名
清华大学何东阳	清华大学2019级自动化专业，理科总分707分
北京大学徐一函	北京大学2021级光华管理学院金融专业，高考吉林省文科第3名，数学146分

北京大学王相林	北京大学2023级光华管理学院，高考重庆市理科第13名，总分692分
北京大学申思宇	北京大学2021级元培学院，第34届中国化学奥林匹克（决赛）金牌第39名，入选国家集训队（保送至北京大学元培学院）
北京大学王宇	北京大学2018级光华管理学院金融经济专业，（天津市）高考理科总分694分
北京大学王子程	北京大学2020级光华管理学院工商管理专业，高考安徽省文科第20名，理科转文科考生
北京大学胡雅婷	北京大学2017级计算机系，信息学竞赛湖南省第10名
北京大学黄麒嘉	北京大学2023级光华管理学院，13年班长经历
北京大学余浩	北京大学2022级经济学院新结构经济学实验班，（浙江省）高考理科总分681分
北京大学赵金洋	北京大学2021级基础医学院基础医学专业（八年制）

目 录
CONTENTS

01 第一章 ▶ 学习动力

第一节　北清学霸的学习动力来自哪里　\002

第二节　如何调动自己的学习动力　\007

  1. 成就感助推法　\007

  2. 能力迁移法　\012

  3. 畏难情绪消灭法　\015

  4. 待办事项目标法　\021

02 第二章 ▶ 学习习惯

第一节　相较于自律，习惯更重要　\027

第二节　北清学霸的 18 个学习习惯　\031

第三节　简单 3 步，轻松养成好习惯　\035

第四节　如何增强专注力，显著提升学习效率　\038

  1. 物理隔绝法　\039

  2. 潜意识整理法　\042

  3. 一心一意法 / 番茄钟学习法　\045

  4. 舒尔特方格训练　\049

03 第三章 ▶ 学习方法

第一节　如何高效记忆　\054

  1. 睡前走马灯记忆法　\054
  2. 关键词记忆法　\057
  3. 碎片时间记忆法　\062
  4. 多感官记忆法　\065
  5. 两头记忆法　\068

第二节　如何有效预习　\072

  1. 框架预习法　\073
  2. 例题预习法　\075

第三节　如何高效听课　\078

  1. 精力分配听课法　\079
  2. 思路跟随听课法　\081
  3. 352 课间利用法　\083

第四节　如何记笔记　\087

  1. 节食笔记法　\087
  2. 康奈尔笔记法　\090

第五节　如何有效复习　\094

  1. 框架复习法　\095
  2. 错题集复习法　\098

第六节　如何提分　\103

  1. 实操演练作业法　\104
  2. 借力刷题提分法　\108
  3. 30 秒考试高分法　\111

04 第四章 ▶ 时间管理及精力管理

第一节　北清学霸的时间管理秘籍　\115
　　1. 专时专用法　\116
　　2. 四象限法　\118
　　3. 计划可视化法　\121
　　4. 琐事隔绝法　\124

第二节　北清学霸的精力管理秘籍　\128
　　1. 中间态精力管理法　\129
　　2. 主动走神法　\132

第三节　如何克服拖延　\135
　　1. "做得容易"法　\136
　　2. 5分钟启动法　\137
　　3. "甜头"激励法　\141

05 第五章 ▶ 情绪管理及心态管理

第一节　感到焦虑、压力大，怎么调整　\146
　　1. 适度压力法　\146
　　2. 少想多做法　\147
　　3. 降低期望法　\149

第二节　考前紧张如何克服　\151

第三节　感到抑郁，如何自救　\155

第四节　如何摆脱网瘾困扰　\159

第五节　如何处理校园中的人际关系问题　\164

06 第六章 ▶ 家庭教育

第一节　如何与孩子进行良好沟通　\169
　　1.　"无条件的爱"支撑法　\169
　　2.　"同一阵营"沟通法　\171

第二节　如何帮助孩子提升学习兴趣　\177
　　1.　奖励引导法　\177
　　2.　犹太式家庭辅导法　\181

第三节　如何帮助孩子培养好习惯　\185
　　1.　照镜子影响法　\185
　　2.　慎重给予反馈与指导　\186

07 第七章 ▶ 彩蛋

附　附录 ▶ 笔记簿

学习动力

第一章 01

大家是否曾为学习动力不足而苦恼？是否曾羡慕那些似乎总是充满激情、不知疲倦地渴求知识的学霸？现在，就让我们一起探寻北清学霸的学习动力之源，努力掌握调动学习动力的方法吧！

第一节

北清学霸的学习动力来自哪里

北清学霸的学习动力来自哪里？给大家讲3个真实的故事。

第一个故事发生在我身上，如下。

我读小学时，成绩一直在中下游徘徊，虽不属于给全班总成绩拖后腿的学生，但也从没进入过班级前列。我当时的想法是，老师教什么，我就听什么，盼寒假、盼暑假，过一天算一天。

我的学习态度的转变，源于一次"意外"——意外地在"小升初"考试中超常发挥。这次超常发挥不仅让我跻身初中新班级的前三名，还让我拿到了全额奖学金。我无法说明这次意外的超常发挥是如何发生的，说实话，我也不是特别清楚，但这次"意外"带给我的改变，以及发生这些改变的原因，我是清清楚楚、明明白白地知道的。

在初中新班级里，新的老师、新的同学，没有人知道我小学6年都是成绩处于中下游的"小透明"，相反，他们坚定不移地认为我一直是个"尖子生"，并出乎意料地把我推举成为班长。我从一个几乎无人关注的"小透明",一下子变成了一个备受身边人关注和期待的人。

我非常享受这种"被关注"带给我的快乐,并发现自己的学习态度开始有了改变。我不再得过且过,我渐渐地对学习这件事有了兴趣和信心,我主动研究如何真的把学习成绩提上去——用"实力",而非靠"运气"。令人惊喜的是,自从我开始用"尖子生"的标准要求自己,我的成绩真的奇迹般地稳在了前几名。

虽然初中时期的老师和同学不知道我的"逆袭"经历,但是我清楚地知道初中的自己和小学的自己差别有多么大。那次意外的超常发挥带给我的是什么呢?是学习动力的提升,是学习态度的转变,是"变优秀"的信念的建立。

因为品尝到了"被关注"的快乐,所以想要努力留住这份"关注"。这,就是动力来源之一。

接下来,给大家讲第二个故事。

小林,是正在北京大学读大二的学生。

小林给我留下了深刻又良好的印象,在和他的交谈过程中,我感受到了他的踏实、勤勉和对生活的感恩,发现他是一个既能仰望星空，又能脚踏实地的人。经了解，这种品质，来源于他的家庭。

人们常说，幸福是对比出来的。在很多情况下，的确如此。小林告诉我，他的爸爸妈妈是农民，每日下地干活，风吹日晒，非常辛苦，他学习之余，经常帮家里干农活，每次干农活的时候，他都会想："学习真的是一件既容易又幸福的事情。"因为看到了父母工作的辛苦，也亲身体会过辛勤耕作的不容易，所以，小林学习的一大动力是通过努力学习掌握更多的知识、更先进的生产力，给自己更好的未来，给爸爸妈妈更轻松的生活。这是他的学习动力之一，也是他树立的当下阶段的人生目标。

由此可见，相较于外力的督促作用，内力的推动作用更加强大。对更美好的未来的期待和向往，也是动力来源之一。

第三个故事，是接受访谈的清华大学的学生小北分享的。

作为临近毕业的"过来人"，小北说，即使是在清华大学，身边人的学习动力的强弱也是千差万别的。小北观察到，有些同学，即使是那些以特别优异的成绩考进清华大学的同学，也会遇到继续学习的动力不足的情况，因为面对着上大学之前几乎没了解过的专业，以及不明朗的未来规划，很多人会有迷茫的感觉，对待迷茫时光的态度的不同，导致他们的大学生活状态截然不同。

小北很佩服与他同寝室的 A 同学，他说："大一上学期，我就看到我的室友 A 的书桌上摆着雅思词汇书。我问他是否有出国的打算，他说，如果有机会，一定会把握。在清华大学，大一就做好出国规划的同学并不少，可是当我问起 A 想去哪个国家、哪所大学的时候，他却表示自己不知道；而我问他为什么想出国的时候，他依然表示不知道，只是说想给自己多一个选择。由此，我发现，A 当时也处于迷茫的状态，可是他并没有因为当下迷茫而停下自己努力的脚步。"

想了想，小北继续说："我发现，A 的心里有一种'笃信'。对未明了的事情，他不会过分纠结。他无条件相信自己正在做的事情是有意义的，因此会全力以赴，直至真的看到意义所在。"

"现在，他已经拿到牛津大学的录取通知书了。"小北说。

小北讲述的 A 在大一时的状态让我感觉很熟悉，其实，很多正在读中学的孩子和当时的 A 一样，不知道未来的出路在哪里，深感迷茫。注意，当下的迷茫，不应该成为我们丧失学习动力的原因。相反，越是迷茫，越应该帮助自己找到学习动力，这样才不会在迷茫的状态中越陷越深。

请记住，你当下的努力，会给未来的自己更多的选择，这些未知的选择，也是动力来源之一。

读完这 3 个故事，如果请你为它们分别命名，你会取哪些名字呢？如果是我，我会这样命名：第一个，"被关注"的助推；第二个，人生目标的指引；第三个，"选择权"的吸引力。这正是 3 个故事中主人公的学习动力来源。

每个人调动学习动力的方式不尽相同，但有一点是一致的——所有强大且持久的动力，都是内生动力。学习不是一蹴而就的事，考上好大学也并非学习的终点。学习是一生的事，学习动力的调动也应该伴随我们一生。只有努力地去探索和感受，才能找到属于自己的动力源，加油吧，相信你也可以"乐在学中"！

第二节

如何调动自己的学习动力

通过阅读第一节的 3 个故事，我们可以发现，虽然北清学霸的学习动力有各不相同的来源，但都不是无中生有的。其实，调动学习动力，有很多简单却实用的方法。使用以下几个方法，我们可以调动源源不断的学习动力！

1 成就感助推法

俗话说，失败是成功之母。但在我看来，成功更为成功之母。对学习来说，成功的意义更为重大。

为什么这么说呢？因为成功带来的正向反馈，是再次取得成功的强大助推器。当我们在学习中获得正向反馈，比如解决了一个难题、完成了一项任务、获得了一些赞扬，我们会体会到成就感，从而拥有更强烈的学习欲望、调动更多学习动力。

这一说法得到了很多考上名校的学生的认可。通过对几十位北清学霸进行深度访谈，我发现对他们来说，最大的学习动力来源就是"成就感"。其中的底层动机并不难理解：

成就感可以让人由心底产生快乐。有了快乐，才有动力持续去做一件事。

这就是北清学霸不需要别人逼迫、催促，自己会主动学、乐意学的根源。

也许大家会说："能考上北京大学、清华大学的学生，肯定是平时成绩就很好的学生，所以才会在学习中收获成就感。"没错，表面看的确如此，但是，从更本质的角度看，这是一个"是先有鸡，还是先有蛋"的问题，很多考上北京大学、清华大学的学生并不是从小就拥有优异的学习成绩，而且，并不是所有学科的学习都能让他们收获成就感。

北京大学的学生晓峰是一个典型代表。读小学的时候，由于贪玩，他的成绩一直处于中下游。后来，是"成就感"让他爱上了学习，为成绩逆袭提供了可能性。

晓峰的成就感最开始来源于自己爱读书的习惯。晓峰读的书很多，且喜欢在课间给同学们分享课外知识。大家很爱听晓峰讲故事，常常听得入迷，一下课就追着他讲后续。同学们的热情让晓峰感受到了自己被尊重、被需要，并由此获得了源源不断的成就感。进入正向循环后，晓峰特别喜欢语文，进而从语文这个学科开始，实现了全学科的逆袭。

成就感有3个特点。第一，成就感并非只能通过"大事"获得，日常"小事"更重要；第二，成就感并非只来源于外界的反馈，也可以来源于自身的感受；第三，成就感不仅与事件的最终结果有关，还与事件的推进过程有关。

了解了成就感的3个特点之后，大家要在学习、生活中有意识地去发现、感受成就感，获得源源不断的前进动力。与迫使我们努力的压力不同，成就感带给我们的动力是正向的、会让我们心情愉悦的。

那么，怎样才能获得成就感呢？在获得成就感的过程中，需要注意以下3点。

(1) 制定小目标，不要大跨步

目标的制定要适度。注意，定的目标过高是很难获得成就感的，反而可能收获更多的挫败感。如果设定的目标都是类似于用两个月的时间为某学科提高 100 分、用一天的时间完成几十张卷子的不现实的目标，不仅不会拥有获得成就感的机会，反而有可能让自己更容易焦虑、暴躁、自暴自弃。此外，目标的拆解也很重要。相较于最终结果的好坏，我们要更加关注努力过程中是否有进步。面对自己的努力和进步，要为自己骄傲和自豪——提升一个名次是值得开心的、单科提高 5 分是值得庆祝的。在一个一个小的成就感累积的过程中，我们会越来越有自信、越来越有动力。

✏（2）带着闯关心态，享受挑战的快乐

成就感，很大程度上来源于挑战。把学习当作闯关，学习动力有可能倍增。好几位北清学霸在访谈中对我说，他们喜欢把学习看作打游戏。如果你玩过通关游戏，应该能够体会这种感受——每一次通关，都能体会到或大或小的成就感。对很多人来说，能够一次性通关的游戏，会迅速让他们觉得索然无味，而那种从易到难、每一关都提升一点难度的游戏，会更容易让他们有源源不断的挑战兴趣。学习也是这样的，完成需要的能力比自己当下的能力稍微高一点的任务，挑战成功带来的成就感是会令人"上瘾"的。

比如，以前不敢向老师提问，现在敢于提问了，就会获得一种挑战成功的成就感。又如，用一个小时彻底掌握一个之前常错的数学题型，就会像闯过一关一样开心。再如，平时做英语阅读理解练习时总

是选择简单文章，偶尔尝试读一些难度稍高的文章，挑战自己的阅读理解能力，会有不错的"闯关体验"。尝试做一些稍微超出自己当前能力范围的事，完成之后，挑战成功的成就感会推动你继续"勇攀高峰"。

把学习任务当作游戏关卡，去挑战它，不断地闯关成功，不断地获得新知，这种学霸学习技巧，你学会了吗？

✏️（3）为进步欢呼，给自己奖励

成就感助推法的核心在于让人感受到快乐，由内而外地产生动力。因此，实现目标后，大家不妨给自己一些奖励。比如，某学期计划提高自己的英语阅读理解能力，可以以每周读一篇英文文章为目标，学期结束时复盘，若目标实现，奖励自己一次短途旅行或者一本心仪的书。又如，以周为单位制定学习目标，周末复盘，若目标实现，奖励自己去看一场电影或者吃一顿大餐。总之，将学习与快乐联系在一起，努力让自己拥有正向反馈的闭环。

在学习的世界里，有一种力量能让大家越战越勇，那就是"成就感"，它让我们看到，学习不一定都是"苦"的，学习的动力源也可能是"快乐"。请大家好好发现、感受成就感，借力调动自己的学习动力并激发潜能吧！

2 能力迁移法

学习过程中，难免会感到迷茫、无助，尤其是当我们努力投入却看不到明显的进步时，很容易有强烈的挫败感，甚至因此丧失学习动力。在面对不熟悉的学科或者相对弱势的学科时，这种情绪出现得更加频繁。怎么解决呢？有一种方法可以帮助我们跳出这种困境，重新找到学习动力和学习信心，那就是能力迁移法。

能力迁移法是将我们在某一领域或学科中掌握的技能和知识应用到其他领域或学科中去，从而更快地掌握新技能、新知识的方法。这种方法的核心依据是一切皆有联系、一通百通。

想象一下，在我们已经学会了骑自行车的情况下，学习骑摩托车会很困难吗？或许一开始会有些不适应、不习惯，但我们很快会发现，骑车的基本技巧是相通的——我们已经通过学习骑自行车掌握了骑车时的平衡和协调要点，这一技能可以轻松地迁移到骑摩托车上。

同样地，学习中，我们可以使用能力迁移法使学习变得更加容易。接触新的学科，或者面对不太擅长的学科时，我们可以尝试寻找新知识与已经掌握的知识之间的联系，使用已经掌握的知识去学习、理解新知识。如此一来，我们不仅可以减少对新学科、弱势学科的畏难情绪，还可以更快、更好地掌握新知识。

举个例子。假如你的数学成绩一直名列前茅，但是你的英语成绩总是在及格线附近徘徊，让你头疼不已，你很想提高自己的英语成绩，可一看到英语课本就烦躁，怎么办呢？

使用能力迁移法。数学和英语虽然是不同的学科，但它们之间有很多相似之处，使用能力迁移法学习英语，也许会事半功倍。

仔细分析一下自己的数学学习状态，你会发现，自己在数学学习方面表现优秀很可能是因为有很强的逻辑思维能力和分析能力（几乎所有在数学学习中表现优秀的人都有较强的这两种能力）。这两种能力同样适用于英语学习。在英语学习中，你可以尝试调用逻辑思维能力分析英语句子，将英语句子按层次拆分，分析句子的结构和语法。分析英语句子的结构和语法与解析数学题非常相似，通过这种尝试，你会逐渐掌握英语句子的结构和语法规则。

除了逻辑思维能力迁移，你还可以尝试将数学学习中的概念、公式分析方法、记忆方法迁移到英语学习中。比如，在数学学习中，你经常需要分析、记忆各种概念、公式，而在英语学习中，你经常需要分析、记忆各种单词、短语。将英语学习中的单词、短语分析、记忆比作数学学习中的概念、公式分析、记忆吧，通过分析理解、反复抄写、制作卡片、利用碎片时间多次复习等方法，英语知识的学习、记忆难题将迎刃而解。

通过使用能力迁移法将数学学习方面的优势应用到英语学习中，你的英语成绩会逐步提高，你也会越来越自信，并获得成就感。

再举一个例子。绝大多数人是先接触语文学科的学习，再接触历史学科的学习，在已经有一定语文学习基础的情况下，可以有意识地将某些能力迁移至历史学习的过程中。比如，在语文学习中培养的文本分析能力、阅读理解能力和归纳总结能力，可以无缝迁移到历史学习中，在阅读历史文献或分析历史事件时调用这些能力提取关键信息、记忆事件背景和影响，有助于取得不错的学习成果。

使用能力迁移法，不仅能够帮助我们将已经掌握的技能和知识应用到新的领域中去，还能够让我们带着对已掌握内容的信心投入想要攻克的领域，取得更好的成绩。

这种信心是极其重要的，是学习动力的一大来源。有这种信心为基础，新的学科、相对弱势的学科就变得不那么令人望而生畏了。

当我们发现自己在某一领域的能力真的可以迁移到另一领域并助力我们在目标领域取得成功时，我们的自信心和成就感会提升。这种自信心和成就感的提升有助于调动我们的学习动力，使我们更愿意尝试新的挑战、接受新的任务。

因此，请大家大胆地尝试使用能力迁移法！面对新的学科、领域时，或对某些学科、领域没有信心、不知道应该如何应对时，不要害怕，试着去寻找它与我们已经掌握的知识、已经拥有的能力之间的联系，使用能力迁移法去应对。相信我，学习会变得简单且有趣。

3 畏难情绪消灭法

大家是不是经常遇到如下情况？

一看到数学题就犯困，想做但不知道从哪里做起，感觉自己怎么做都做不对。

一提起写作文就头疼，搜肠刮肚也凑不出 800 个字，感觉自己毫无写作欲望。

学习计划总是坚持不了几天就彻底放弃，很想学，但行动力堪忧。

……

其实，这些情况都是畏难情绪在作祟。

学习过程中，我们会遇到各种各样的挑战和难题，面对这些挑战和难题，很多人还没开始努力就选择放弃，认为自己无法解决难题，畏难情绪屡占上风。畏难情绪，是学习路上的绊脚石、拖油瓶，如果不及时消除它，它会一直拖我们的后腿，甚至让我们陷入自我怀疑和自我否定的泥潭。

那么，如何消除畏难情绪呢？接下来教大家几个实用的方法。

（1）先动起来再逐步完善

很多人做事的逻辑是先想清楚再做，但往往想得越多，做得越少。与其一直在脑子里构想，不如先动起来再逐步完善，要知道，从哪里开始没那么重要，"开始"本身更重要。只要勇敢地迈出第一步，那些看似复杂的问题，很多会在行动的过程中迎刃而解。

北京大学的学生小明读初中时最害怕学数学，每次一遇到难题就想逃避，而且，他发现，很多同学对数学的态度是相似的：大家粗浅地看一遍题目，觉得题目有难度，便直接放弃。后来，在考名校的目标的驱使下，小明决定改变策略：不去想做不做得出来，拿到题就开始做，解一步算一步。没想到，解题途中放弃的次数比一步步解出题的次数少很多。先动起来再逐步完善，这个行动方案，让小明的数学学习有了一个逆袭的机会。

由此可见，很多情况下，最重要的并非结果，而是开始。只有先动起来，才有更大概率一步步得到好结果。

✎（2）拆解目标

俗话说，一口吃不成胖子，制定目标有助于我们不断进步，但目标太大反而会加重我们的畏难情绪，不利于我们前行。为什么我们对于爬几层楼梯不感到畏惧，对于爬山却望而生畏？因为山顶在我们心里过于遥远、爬山的路在我们眼中过于漫长。"破除心魔"是攻克学习难点的关键一步。建议大家在学习过程中把大目标拆解成小目标，这样，每实现一个小目标，都能获得成就感，这些成就感会激励我们继续前进。

北京大学的学生芳芳在高中阶段想提升自己的英语口语水平时这样告诉自己："与其要求自己在一个月内记住几千个单词、出口成章，不如要求自己每天读一篇短文、每周参加一次英语角练习。"在她这样做了之后，英语口语水平突飞猛进。

由此可见，脚踏实地地一步步实现小目标，有助于我们离大目标越来越近。

(3)即时奖励

每实现一个小目标,不妨给自己一个奖励,将"完成目标""克服困难"与"快乐"相联系。这个奖励可以是吃一顿大餐,可以是看一集喜欢的电视剧,也可以是买一个心仪的物品。这种奖励可以刺激我们的大脑分泌多巴胺,让自己感到快乐和满足,从而调动自己继续努力的动力。

清华大学的学生敏敏为了激励自己努力学习,每次实现一个小目标,都会奖励自己一支爱吃的冰激凌。她发现,这种即时奖励习惯能让她学习得更高效、更有动力。

由此可见,对抗学习中的"苦",我们可以手动为自己加点"甜"。

(4)培养钝感力

很多时候,产生畏难情绪并不是因为事情本身很难,而是因为我们过于担心收获失败的负面影响和别人的指指点点。《钝感力》的作者渡边淳一表示,"钝感力"可直译为"迟钝的力量",即从容面对挫折,坚定前行,开启美好生活的智慧。生活中,我们应该抛开恐惧心理,避免过多关注外界的声音,拥有钝感力,认识到失败是正常的,没有人能一帆风顺地完成所有事。同时,要学会接纳自己的不足，相信自己有能力改进和成长。只有这样，才能真正破除心魔，攻克学习难点。

清华大学的学生向林在高三第一次综合模拟考中失利，成绩严重下滑，导致老师和同学对他的学习能力和心理素质心生质疑，担心他属于"一到综合大考就掉链子"的类型，高考未必能稳定发挥。风言风语很多，但向林没有过多地关注外界的声音，更没有因此自暴自弃，而是积极调整心态，及时反思、总结，继续努力复习，最终在第三次综合模拟考时重回班级第一，并在高考中稳定发挥。

由此可见，拥有钝感力，更关注内心和事情本身，对别人的看法和评价"迟钝"一些，有助于我们在成长的道路上轻装前行。

✏️（5）关注当下

遇到困难时，建议大家不要逃避，因为越逃避，畏难情绪越严重，困难越难解决。面对困难，我们应该做的是关注当下，勇敢地正视它、解决它。兵来将挡，水来土掩，解决了足够多的问题后，我们会发现，自己的能力在不知不觉中提高了很多，那些曾经不懂的知识，都在这个过程中搞懂了、学会了。更难得的是，在解决问题的过程中，我们会逐渐积累成就感和对未来的信心，这有助于我们一步一步走得更稳。

清华大学的学生小方刚上高中时，物理是弱势学科，经常在做物理题时遇到困难，饱尝挫败感，但他没有自暴自弃，而是迎难而上，勇敢地面对每一个难题，不断尝试不同的解题方法。经过一段时间的努力，小方不仅克服了困难，战胜了畏难心理，还成了班里的物理"尖子生"。

由此可见，正如王阳明倡导的"事上练"，如果我们能够做到遇到困难迎难而上，在做事的过程中不断调整，我们会有更大的克服困难的可能性。

最后，总结一下使用畏难情绪消灭法的5个技巧：先动起来再逐步完善、拆解目标、即时奖励、培养钝感力和关注当下。无论何时，都不要让畏难情绪成为我们前进的绊脚石。

请牢记畏难情绪消灭法的使用技巧，保持积极的心态，不断尝试和调整，相信自己的能力，相信自己能够战胜困难、迎接更美好的未来。终有一天，我们会发现，曾经让自己感到困扰和挫败的难题，已经变成了我们前进的动力和成就感的来源。

4 待办事项目标法

大家是否有过在学习中迷失方向,被学习任务推着走,越来越慌张的感受?我想,这是很多学生并不陌生的感受。为了帮助大家告别迷茫,更顺利地调动学习动力,接下来给大家介绍一个方法——待办事项目标法。

善用待办事项目标法的前提是明白制定目标的重要性,关于这一点,我有一个心理学小故事可以与大家分享。

做实验的心理学家组织了3组人,分别出发前往10千米以外的某个村庄。3组人所走的线路不同,行进状态和最终结果也截然不同。

对第一组人来说,终点是遥不可及的,因为他们既不知道目标村庄的名字,又不知道路程有多远,只是盲目地跟着向导走。走了两三千米后,开始有人抱怨;走到一半时,甚至有人情绪濒临失控,质疑为什么要走这么远的路,并质问向导何时才会到终点。

第二组人的情况相对好些,因为他们知道目标村庄的名字和大致的路程。但他们行进过程中没有里程碑可以参考,走了多远,只能靠经验估算。走到一半时,有些人开始感到疲惫、焦虑,有经验的人努力安慰大家,说已经走了一半,很快就到了。这确实给了想放弃的人一些动力，但走到全程的 3/4 时，疲惫和焦虑再次袭来，全组人的情绪都不佳。

最幸运的是第三组人，他们不仅知道目标村庄的名字和明确的路程，而且行进过程中有里程碑可以参考，这让他们能清楚地掌握自己的进度。每走 1 千米，他们就多一份成就感，疲惫时，组内总有人自发地用唱歌、讲笑话的方式为大家提振精神。最后，第三组人快乐地到达了目标村庄。

为什么第三组人到达得最顺利？聪明的你一定发现了奥秘，原因如下。

他们有明确的目标，并且时刻知道自己距离目标有多远。

由此可见，有目标固然重要，但更为重要的是能否将目标细化为可量化、可实现的待办事项。做到这一点，我们在实现目标的道路上会更有动力，因为每前进一步，都能看到自己的努力成果。

那么，这个故事对我们的学习、生活有何启示？如何使用待办事项目标法告别迷茫呢？很简单，用一句话即可总结。

把我们的目标从一个结果变成一些待办事项、从一个名词变成一堆动词。

用明确的、具体的、可执行的待办事项，将遥远的、模糊的目标清晰化，可以让自己更有学习动力！具体讲解一下这句话，比如，很多学生希望自己的英语成绩有进步，会说"英语成绩进步"是自己的目标，但事实上，这个"目标"不会给任何人带来任何实质性的改变，因为并没有具体的实施步骤助力英语成绩的进步。在这种情况下，与其称之为"目标"，不如称之为"愿望"。那么，真正的目标是什么？真正的目标，应该有与之配套的具有可操作性的一系列行动——每天背20个英语单词、每天背一篇英语课文、每天听一段英语听力、每周写一篇英语作文并请老师批改等。只有将目标落实到待办事项和计划上，才有实现的可能。

如果某学生按照以上计划，每天、每周按时完成这些事项，那么天道酬勤，水到渠成，他的愿望"英语成绩进步"会成为真正的目标并最终实现。

明确待办事项目标法的内涵和作用机制后，我详细介绍使用待办事项目标法的5个步骤，方便大家在使用的时候进行对照参考。

（1）明确目标

第一步是明确自己想要实现的学习目标，比如，提高英语阅读能力、数学运算能力、语文写作能力等。将这些目标具体化，明确到可衡量的程度。

✏ （2）拆解目标

第二步，将明确后的学习目标拆解为若干个小目标，每个小目标都是具体的待办事项。比如，提高英语阅读能力这个学习目标可以拆解为每天阅读英语文章、背诵英语单词、练习英语听力等小目标/待办事项。

✏ （3）制订计划

针对拆解后的小目标/待办事项，制订详细的学习计划。学习计划要包括每天、每周、每月的时间安排，确保每个小目标/待办事项都能按时实现/完成。

✏ （4）追踪进度

在执行计划的过程中，要及时追踪自己的进度，记录已完成的事项、遇到的问题和已尝试的解决方法，以便及时调整计划。

✏ （5）调整目标

在执行计划的过程中，如果发现目标设置不合理或者执行进度不符合预期，要及时调整小目标/待办事项。保持灵活性和适应性，才能更好地实现大目标。

综上所述，使用待办事项目标法，我们可以将遥远的、模糊的目标清晰化，将大目标拆解为小目标，从而在实现目标的过程中持续获得学习动力。使用待办事项目标法，我们不仅能够提高学习效率、提高自律能力和规划能力，还能够通过自主安排时间，感受对人生的掌控和对未来的把握。

那么，现在，请大家想一想，你的目标是什么呢？你的目标可以怎样拆解，从而更轻松地实现呢？明确上述问题的答案之后，就去为自己制订每日计划吧，去享受掌控时间和人生的乐趣！

第二章 02 学习习惯

自律，一个充满魅力的词，被无数人视为成功的基石。但本章，我想盛赞另一个词——习惯，它的魅力也不可小觑。与其盲目追求自律，不如专注于培养良好的学习习惯，要知道，正是这些习惯，让北清学霸在学习中如鱼得水、轻松应对各种挑战。

第一节

相较于自律，习惯更重要

请大家思考一个问题：行为自律的人，一定是自制力强的人吗？

在学习过程中，我们经常听到关于自律的种种讨论，老师、家长也常将"××真不错，那么自律"挂在嘴边。很多人将自律视为取得成功的关键要素，认为只有严格要求自己，才能取得优异的成绩，然而，在深入研究北清学霸的高效学习方法后，我发现了一个有趣的现象：相较于自律，习惯更重要。

人们呈现出来的行为自律状态，可以分为两种类型，一种是手动型，另一种是自动型，这两种行为自律状态带给人的体验截然相反。手动型自律，需要一个人自身有很强的自控能力，面对各种事情，能够时刻调动自我意识进行管控，并给出行为指令，强行选择对自己有利的行为；自动型自律，顾名思义，指能够自发行动的自律，即不需要一个人自身的主观意识有太多的参与，只需要顺应本能地行动即可。

我们可以发现，相比之下，自动型自律对我们来说是一种更轻松的自律模式，手动型自律则是一个需要我们投入很大心力的自律模式。

人的自制力并不是取之不尽、用之不竭的，它和我们的肌肉一样，用多了会无力，需要经过休息和调整才能有所恢复。因此，若我们在处理一件事情时用了很大的心力，在处理另一件事情时就很有可能出现心力不足的情况。比如，如果我们在读高三期间给自己制定了减重 20 斤的目标，面对美食时需要一忍再忍，那么在学习方面，面对游戏、短视频等娱乐项目的诱惑时，就很难抵抗了。这是人的自制力有限造成的，任何人都不例外。即使是能够成为美国总统的、拥有极强自制力的奥巴马，在"戒烟"这件事情上也难以坚持。由此可见，事事依赖自制力非常辛苦，即使是一个在某方面非常成功的人，也很难做到在方方面面始终保持自律。

那么，如何开启"自动模式"，轻松实现行为自律呢？答案就是培养习惯。

现在，我们来回答本节开篇的问题——行为自律的人，一定是自制力强的人吗？并非如此。行为自律的人，不一定是自制力强的人，很可能是养成了良好习惯的人。当我们将某个行为转化成习惯之后，就像早晨起床后会习惯性地去刷牙、洗脸一样，我们会毫不费力地完成该行为。

想一想我们起床后刷牙、洗脸的过程：睁开眼，穿上衣服，走到洗漱台前，拿起洗漱杯和牙刷，接水，挤牙膏，刷牙，刷牙后洗脸。即使我们睡眼惺忪，这些行为我们仍然能精确无比、毫不费力地完成。

这个过程需要自制力吗？不需要！养成每天早晨起床后刷牙、洗脸的习惯后，如果哪天早晨起床后没有完成这些行为，反而会觉得不自在。

同理，学习也是如此。养成良好的学习习惯后，不学习反而会觉得不适。因此，相较于自律，习惯是一种更长期、更稳定的力量，它不仅可以帮助我们减少学习的阻力，还能让学习成为一种自然而然的行为。养成良好的学习习惯后，我们能更加高效地吸收知识、提高学习能力。

这就是所谓的正向循环。在正向循环里，我们会有积极、轻松的美好感受。注意，这种正向循环的出现，依靠的主要是习惯和惯性，而非自制力，因为本能的行为是最不费劲的行为。注意力难以集中、自制力差、懒等行为表现，都与人类的本能有关，不过没关系，惯性行为也与人类的本能有关。想要科学地抵抗负面本能，学会主动养成良好的、正面的习惯即可。

由此可见，想让自己成为一个行为自律的人，不一定要做"苦行僧"。通过培养良好的习惯，行为自律的人也可以是轻松的、快乐的人。

第二节

北清学霸的 18 个学习习惯

北清学霸的成功,很大程度上源于他们有独特且高效的学习习惯。这些学习习惯就像他们前行路上的明灯,指引着他们在日复一日的学习生活中稳步前行,一步一步地脱颖而出。

在我访谈几十位北清学霸,深度挖掘他们考上名校的秘诀的过程中,我发现万变不离其宗,绝大部分北清学霸拥有如下 18 个学习习惯。

习惯一: 他们明白,真正的努力并非盲目地增加学习时间,而是努力地提高学习效率。因此,他们拒绝过度熬夜,以保证白天的学习状态良好,力求每一分钟的学习都高效且有成果。

习惯二: 他们善于将目标与计划紧密结合,既有长远的规划,又有短期的安排。这样,每天的点滴进步,都在打造通往成功的康庄大道。

习惯三: 他们深谙学习的二八法则,明白应该将 80% 的努力用在课堂上，将20%的功夫用在课外。因此，他们重视课堂上的每一分钟，能做到耳到、眼到、口到、手到、心到，全神贯注地吸收知识。

习惯四：他们知道"老师"是最大的学习资源，他们善于向老师提问，并通过复述和思考，将知识化为己有。

习惯五：他们重视预习，这样能在课堂上更有针对性地听讲，解决预习过程中遇到的问题。

习惯六：他们会以课本为轴进行复习，学懂每一个基本概念、公式和例题，确保夯实基础。

习惯七：他们会整理错题集，为自己量身打造独特的学习资料，真正做到举一反三，同类型的错误绝不出现第二次。

习惯八：他们勤于思考、总结和复盘，善于构建知识架构、绘制思维导图，让知识在头脑中形成有序的网络。

习惯九：他们敢于挑战自己，不满足于"舒适区"里的成功。他们明白，真正的成长往往来自挑战和突破。

习惯十：他们对待作业非常认真，复习、总结与发散练习一样不落。这样，每一次写作业、做练习都能获得最大的收益。

习惯十一：他们会特意在类似考试环境的环境中做练习，通过计时练习给自己施加压力，以便习惯考试时的高压气氛。

习惯十二：他们乐于与同学切磋、讨论，因为分享知识不仅能开阔眼界、深化友情，还能加深记忆、优化学习效果。

习惯十三：他们会利用碎片时间学习，随身携带笔记本、学习资料，确保不浪费每一分钟。

习惯十四：他们知道休息的重要性，会控制生活节奏，学习与休息交替进行，确保大脑始终处于最佳状态。

习惯十五：他们会通过反复练习寻找自己的最佳记忆时段，并据此分配学习任务，使学习效果最大化。

习惯十六：他们会充满热情地投入学习，积极寻找学习的乐趣和意义，从而获得持续的学习动力。

习惯十七：他们尊重老师，会努力适应老师的教学方式，因为他们知道，学习不仅关乎自己，还关乎与他人的互动和合作。

习惯十八：他们会客观地评价自己，正确地对待成功与挫折。胜不骄、败不馁的心态让他们能够始终保持冷静，拥有清醒的头脑。

以上就是绝大部分北清学霸拥有的18个学习习惯。大家可以使用

表 2-1 进行查漏补缺,在自己拥有的学习习惯对应的序号下划勾,看看这 18 个学霸学习习惯,目前自己拥有几个。

表 2-1 学霸学习习惯自测表(目前)

习惯序号	一	二	三	四	五	六	七	八	九
划勾处									
习惯序号	十	十一	十二	十三	十四	十五	十六	十七	十八
划勾处									

坚持按习惯要求训练 21 天后,大家可以使用表 2-2 进行自测,看看自己有多少进步。

表 2-2 学霸学习习惯自测表(21 天后)

习惯序号	一	二	三	四	五	六	七	八	九
划勾处									
习惯序号	十	十一	十二	十三	十四	十五	十六	十七	十八
划勾处									

简单 3 步，轻松养成好习惯

在人生的道路上，好习惯如同指南针，指引我们走向成功。正如前文所分享的，与其强行自律，不如养成好习惯。养成好习惯的关键，是在正确的时间做正确的事，而不是经常强迫自己做不愿意做的事，内耗不止。养成好习惯，我们做事的时候才会更加轻松，不再感到压力重重。

养成好习惯并不困难，重点关注 3 个步骤即可：事前观察、过程中借力、事后复盘。做好这 3 个步骤，我们都能轻松地养成好习惯。

（1）事前观察，找到模范标杆

拥有好的榜样很重要，只有明确地知道什么是好习惯，才会进一步去模仿和学习。很多北清学霸在访谈中提及，他们有一个令自己崇拜的哥哥/姐姐，是这些榜样，帮助他们将自己的目标具象化，让他们知道应该怎么做。这也是我们在本章第二节分享北清学霸的 18 个学习习惯的意义所在。

想要养成好习惯，大家可以多观察观察身边优秀的同学、朋友，或者其他有成功经验的人，了解他们有哪些好习惯，以及是如何养成好习惯的。比如观察一下班级里的"尖子生"，看看他们平时是怎么利用早自习、晚自习的，以及他们是怎么记单词的、每次记多少个单词等。如果怕自己观察到的情况不准确，大家可以直接虚心地向优秀的人请教，比如他们平时会使用什么样的学习工具助力学习等。

先观察和借鉴他人的成功经验，再结合自己的实际情况进行尝试和调整，这样做，我们可以少走弯路，更快地养成好习惯。

（2）过程中借力，让养成好习惯变得容易

养成好习惯并非一蹴而就的事，需要持续努力和改进。我们可以借助外力来帮助自己，让自己在养成好习惯的过程中更加轻松。比如，我们可以向老师、家长寻求帮助和监督，将自己的目标和计划告诉他们，请他们给予支持和约束。又如，我们可以为自己选择一个更适合学习的环境，减少学习阻力和娱乐诱惑，和努力学习的同学一起学习是一个不错的选择，看到他人努力，自己很容易被带动，从而更轻松地专注起来。再如，我们可以借助社交媒体、书刊和朋友之间的交流来获取信息和经验，获得激励和帮助。通过借助外力，我们可以更好地克服困难、直面挑战，更快地养成好习惯。

✏️ （3）事后复盘，找到可复制之路

在成功养成某个好习惯之后，我们需要及时进行复盘，关注自己的成就感和所获得的正向反馈，进一步巩固这个好习惯，并为培养下一个好习惯增加动力。自我肯定很重要，即使做得不够好，也不要陷入埋怨自己的负面循环。我们要告诉自己，只要改变了一点，就是进步。如此一来，我们会循序渐进地越做越好，而不是愤然放弃。做得不够好并不可怕，我们可以思考自己在这个过程中有哪些值得肯定的地方、有哪些不足之处，以及如何改进和优化，毕竟，解决问题的前提是发现问题。通过"复盘+反思+自我鼓励"，摸索出一套适合自己的好习惯培养方法，能帮助自己更轻松地培养下一个好习惯，更好地实现自我提升和成长。

总之，养成好习惯并不困难，只要重点关注事前观察、过程中借力、事后复盘3个步骤，就能轻松地养成好习惯。让我们从现在开始，用简单的方法培养自己的好习惯，让生活更加有序、高效、充满活力吧！

如何增强专注力，显著提升学习效率

为什么有些学生看似不费吹灰之力就能取得优异成绩，而有些学生非常努力，成绩却总是不尽如人意？我们常将此归因于智力水平有差距，但真的是这样吗？其实，很多时候，我们仅看到了表面现象。

很多"努力"，只是"看起来努力"而已。

仔细观察，大家会发现，有些学生虽然整天埋首书本，但心思并未完全投入学习。这种"努力"只是一种表面付出，我们称之为"磨洋工"。一个班级里，大约有一半以上的"中等生"处于这种状态。

另一些学生呢？他们看起来总是轻松自在，从不熬夜苦读，有很多时间用于玩耍、放松。如果你因此认为他们不学无术，很有可能大错特错——他们不是不学习，而是很会学习，当他们开始学习时，仿佛进入了另一个世界，全神贯注、心无旁骛。班级里的"尖子生"大多处于这种状态。

那么，究竟是什么决定着学生学习成绩的高低呢？是他们学习时间的长短吗？并不是。真正重要的是学习时间是否被高效利用。"该玩就玩，该学就学"的"尖子生"，成绩优异的秘诀往往是专注力极强。增强专注力是高效学习的前提，只有在专注力极强的时候，学习和记忆才有最佳效果。

大家是否曾有这样的体验？当我们完全沉浸在某任务中时，比如专注于阅读、绘画或写字时，周围的一切仿佛都消失了，时间也悄然流逝。这种状态被称为"心流"。在心流状态中，大家很容易忘记周围的环境，忘记时间的流逝，全然投入目标任务，体验满足和快乐。"心流"是著名心理学家米哈里·契克森米哈赖在《心流：最优体验心理学》中提出的概念，指一种全神贯注的精神状态。

如果大家觉得自己的专注力不够强，不用担心，因为和可以通过健身强健体魄一样，专注力也可以通过训练增强。那么，如何训练增强自己的专注力呢？接下来给大家介绍一些有效方法。

1 物理隔绝法 💡

在我们的生活中，诱惑无处不在，它们像狡猾的狐狸，时刻准备偷走我们的专注力。英国作家王尔德说过一句话,大意为"我可以抗拒一切,诱惑除外",这句话道出了我们在面对诱惑时的无力感。

在学生时代,诱惑便已五花八门,手机、电脑、零食、课外书等,都可能成为让我们分心的罪魁祸首。那么,究竟应该如何抵抗这些诱惑,保持专注呢?可能有人会说,提高自制力是一个不错的方法。确实,自制力可以帮助我们抵抗诱惑,但遗憾的是,自制力并不是无穷无尽的,它就像我们的肌肉力量一样,使用后需要通过调整和休息进行恢复。

这个结论被很多心理学实验证实过。想象一下,若在我们饥饿难耐时,面前出现了一桌美味佳肴,我们必须克制着自己不去吃,只能喝水、吃无味的饼,会有多么挣扎和痛苦?这种挣扎和痛苦,会消耗我们大量的自制力。如果面对的诱惑太多,我们的自制力会供不应求。

面对诱惑,想要保持专注,大家可以试着使用"物理隔绝法"。

物理隔绝法的核心是"将所有可能干扰我们的'诱惑源'隔离在另一个空间"。

举个例子,我们在家学习时,将手机放在练习册旁边,无疑会增加对自制力的挑战——一旦手机响起或振动,我们的内心就难免开始挣扎:"看还是不看?"如果选择了"看",随之而来的是更多的选择,比如"当下要不要回复?""对方的邀请要不要接受?"……这样挣扎不仅浪费时间,还会使我们无法专注于学习。

为了避免受这种干扰的影响,我们应该主动屏蔽外界的干扰源,对干扰源进行"物理隔离"。比如,在家学习时,我们可以将手机放在另一个房间里,这样做,学习过程中就不会看手机了,而且能避免被消息或电话打断学习。对那些习惯于一边写作业一边吃零食的学生来说,为了避免在写作业的过程中无意间看到零食并吃掉它,最简单的方法是在开始学习之前就把零食拿走。

如此,使用物理隔绝法,我们可以有效地排除诱惑和干扰,增强专注力。

大家发现了吗?使用物理隔绝法的底层逻辑是不要挑战人性,承认自己有可能无法完全掌控自己的专注力。尊重人性,保持专注最好的方法是远离诱惑源,防患于未然。只有这样,我们才能真正专注于学习,提高学习效率并取得优异的成绩。

2 潜意识整理法 💡

随着人类社会的发展，人们逐渐意识到环境对个体成长的影响。现代人事管理之父罗伯特·欧文曾提出"人是环境的产物"，认为环境对人的塑造起着至关重要的作用。从学习的角度看，学习环境对我们的学习状态有着显著的影响。

近年来，共享自习室成为一种备受欢迎的学习场所，尤其受到备战研究生考试的学生的青睐。这些共享自习室通常会提供带挡板的学习桌，给使用者相对独立的学习空间，部分规模稍大的共享自习室会设置单独的房间。虽然这些共享自习室设施简单，但很多学生认为在这样的环境中学习能更有效地增强专注力。大家想一想，背后的原因是什么呢？

原因是共享自习室的环境相对简单、干净，没有过多的干扰因素。

当我们置身于简单、干净的环境中时，我们更容易静下心来，专注地面对眼前的任务。反之，如果环境复杂、凌乱，我们的注意力很容易被分散，难以集中精力投入学习。

我在北京大学读书期间，为了赶作业，曾尝试去这种共享自习室学习。我发现，在这种环境中学习，效率明显高于在家中学习。为什么呢？因为共享自习室中的书桌上只有当前学习所需要用的学习资料和文具，没有任何其他杂物，这种简单、干净的环境能使我们的大脑更加专注于当前的学习任务，屏蔽不必要的干扰。要知道，我们的眼睛和大脑之间有一种神奇的互动，如果我们眼前一片狼藉，反映到我们的大脑里，我们会觉得思绪杂乱，进而感觉心烦意乱。反之，如果我们眼前是干净的桌面，没有杂物，我们的大脑里也会少一些杂念，更容易心平气和地投入学习。比如，做数学作业时，让自己眼前只有数学课本、习题册和草稿本；背英语单词时，让自己眼前只有英语单词书、笔记本；写作文时，让自己眼前只有一张稿纸和一支笔……这种环境会给我们一种心理暗示：我的桌子只为做这件事服务，我的大脑里只有这件事，我应该心无旁骛地投入其中。

其实，除了去共享自习室学习，我们还可以通过整理自己的学习环境增强专注力。在学习之前，建议大家用一些时间整理书桌，将学习资料和文具归类摆放，保持桌面整洁。这样做不仅有助于增强我们的专注力，还有助于我们的学习更高效、更有条理。

有些人可能会认为，书桌的整洁与创造性思维的激发是相互矛盾的，杂乱无章的环境更有助于激发创造性思维。

我一度认同以上观点,并任由自己的书桌杂乱了一段时间——课本、习题册随便放,各种文具散落各处。在杂乱的书桌上学习的过程中,我发现,我需要使用某个资料时,往往要用很长的时间去翻找,甚至出现过因为一本习题册找不到,不得不将当下的任务搁置的情况。而且我发现,在杂乱的环境中,我的大脑状态是混乱的,不仅创造性思维未能被激发,正常的学习状态都受到了负面影响。

由此可见,简单、干净的学习环境更有利于我们的大脑高效地思考和专注地学习。比如,当我们需要使用某个资料或工具时,能够迅速地找到它,而不是浪费大量的时间在杂乱的环境中翻找。

通过访谈众多北京大学、清华大学的学生,我了解到,他们中的很多人都有随时整理书桌、整理学习资料的习惯——他们的书桌整理得很整齐、书摆放得很有条理、笔记做得很认真、一套套试卷也整理并保存得很好。在这种情况下,需要找哪本书、哪个笔记,或者哪套试卷时,他们往往能够快速找到。这使得他们在初三、高三阶段进行总复习的时候,复习效率特别高。另外,在北京大学读书的时候,我发现学习前整理书桌是我的很多同学的学习习惯,当他们发现自己无法继续专注于学习的时候,或者不由自主地想看短视频、朋友圈的时候,他们也会用整理书桌、书架、习题册等行为代替发呆、娱乐。

尝试培养这种学习习惯后，我发现，不仅整理之后的环境更有利于我们高效学习，在整理的过程中，我们也是受益的，因为整理的过程是给自己做心理建设的过程，它能提供一种积极的心理暗示："**我能轻松地整理好我的书桌，那么，我此刻正在做的这个作业、正在学习的这个知识点、正在攻克的这个难题也会迎刃而解。**"

因此，如果大家在学习过程中难以保持专注，不妨试着整理一下自己的书桌。整理书桌，不仅能够给自己创造一个简单、干净的学习环境，还能够给自己一种积极的心理暗示，调动自己的学习动力、增强自己的学习信心。记住，简单、干净的学习环境是增强专注力、提高学习效率的重要因素之一，它会影响我们的大脑状态、我们的潜意识。这种整理法叫作"潜意识整理法"，从现在开始，让我们一起培养整理书桌、整理潜意识的好习惯，努力拥有更有利于学习的环境与状态吧！

3 一心一意法 / 番茄钟学习法

专注力与学习效率非常值得关注，在追求卓越的道路上，很多北清学霸都深知一个道理：一心一意，一次只做一件事，更容易事半功倍。

一心一意地面对每件事，这种习惯不仅有助于提高学习效率，还是一种受益终身的品质。美国著名的咨询公司麦肯锡公司所倡导的工作法则，正是"一心一意"。

一心一意，即在学习或工作时，全神贯注于当前的任务，不受其他事物或想法的干扰。这就像在森林中砍树，只有将全部力量集中在斧头上，对准树干的同一位置发力，才能最高效地砍倒大树。如果力量分散，不仅效率低下，还有可能无法如期完成任务。

若我们同时处理多个任务，注意力势必会被分散，导致每个任务都无法得到充分的关注。这就好比电脑同时运行多个程序，不仅运行速度会受影响，严重时甚至会导致死机。因此，为了提高工作效率，我们应该避免一心二用，尽量让自己专注于当前的任务，先完成一项任务，再开始思考下一项任务的相关事项。

有些学生喜欢在学习时听歌，认为这样做可以放松心情，殊不知这样做往往会分散注意力，导致学习效果不佳。与其一边学习一边"放松"，不如在学习时专注于学习，在休息时痛快地放松。这样做，不仅学习效果会更好，还能更彻底地享受休息时间。清华大学的学生玉敏说，她一向将娱乐和学习分得非常清楚，很喜欢专注于当下，一心一意地面对每件事，这种习惯让她受益匪浅。

有些学生可能会质疑："无论做什么事都要一心一意吗？会不会太严格了？"当然，万事不绝对，我们可以使用先判断再执行的方法决定要不要"一心一意"，即先判断当前任务是否需要全神贯注，再合理分配自己的精力。面对学习、写作等需要专注的任务，应该排除一切干扰，一心一意地完成任务；面对一些不需要专注的任务，如洗漱、打扫卫生等，可以同时听书或听音乐。

有了这个判断之后，对于需要专注的事情，我们就要严格遵循"一次只做一件事"的原则了。为了遵循这个原则，我们可以使用番茄钟学习法，帮助自己做到在单位时间内对单一事项百分百投入、专注。

具体而言，我们可以按照以下流程进行学习。

第一步：将学习时间划分为一段一段的"番茄时间"，每个"番茄时间"为25分钟。每个"番茄时间"后休息5分钟；每4个"番茄时间"后休息25分钟。

第二步：将学习任务规划入"番茄时间"。在每个"番茄时间"内，集中注意力完成一项任务，避免被其他事情分散注意力。

第三步：准备一个计时器，严格使用番茄钟学习法完成学习任务。

第四步：每使用番茄钟学习法完成一个学习任务，给自己一个小小的奖励，以此调动自己的学习动力并增强自己的专注力。

使用番茄钟学习法有以下 3 个好处。

第一，帮助我们集中注意力。番茄钟学习法能够帮助我们专注于目标任务，避免分心和浪费时间。番茄钟学习法通过严格区分学习时间和休息时间，帮助使用者在每个 25 分钟的"番茄时间"内专注于目标任务，避免被去洗手间、查看手机、吃零食等有意识或无意识的举动打断学习思路、影响学习状态。

第二，促使我们提高学习效率。番茄钟学习法要求我们在有限的时间内完成任务，这会促使我们更高效地学习。比如，我们为完成某个作业匹配了一个"番茄时间"或者两个"番茄时间"，相当于给该作业任务做了限时，这种限时会让我们像参加考试一样完成作业，在带给我们压力的同时，带给我们动力、提高我们的专注力。

第三，提升我们的任务规划能力。在使用番茄钟学习法的前期，我们可能遇到各种安排不当的情况，比如目标任务完全无法在规定的时间内完成。遇到类似的情况，不要焦虑，一定要坚持使用番茄钟学习法，随着使用次数的增加，这种情况会逐渐改善，因为我们为自己的预习、复习、完成作业等学习任务做的时间安排会越来越合理。

当我们能真正做到一心一意地面对每件事、一次只做一件事时，我们的专注力和学习效率会有令人惊喜的增强、提升，这不仅有助于我们在学习上取得更好的成绩，还是一种受益终身的品质。因此，让我们从现在开始，培养这个好习惯吧！

4 舒尔特方格训练

如果大家发现自己的专注力有限，不用担心，有一个小游戏能有效帮助我们增强专注力！这个小游戏就是舒尔特方格训练。

舒尔特方格训练是由美国神经心理医生舒尔特发明的，发明初衷是训练飞行员的注意力。现在，舒尔特方格训练已经广泛应用于各种人群的注意力训练，特别是中小学生。舒尔特方格训练能通过调动视觉、听觉、动觉等神经元的协调配合，帮助被训练者提升注意力、专注力和观察力。

进行舒尔特方格训练非常简单，我们只需要准备一张纸和一支笔。训练时，首先绘制一个 5×5 表格，然后填入数字，最后计时认读。

舒尔特方格训练的具体步骤如下。

第一步：在一张纸上绘制 5×5 表格。

第二步：在 5×5 表格中随机填写数字 1~25，每个方格内填一个数字，如图 2-1 所示。

5	6	2	13	19
8	20	10	15	24
16	1	14	3	9
11	21	7	12	18
22	17	4	25	23

图 2-1　舒尔特方格

第三步：训练时，使用秒表计时，从 1 到 25，用手指依次指向并念出每个数字。

第四步：数完后，结束计时，用时越短，说明注意力水平越高。以 12~14 岁的被训练者为例，在 25 秒内完成训练为中等水平，在 16 秒内完成训练为优秀水平。

注意，训练时一定要眼、手、嘴并用，因为目光很容易飘忽不定，用手指来引导目光，可以避免错漏，而念出数字，会让大脑更为专注。与此同时，每次训练都要严格计时，这样能给自己施加一定的压力，避免松懈，以便收获更好的训练效果。

日常生活中，我们可以在小卡片上绘制舒尔特方格，并将小卡片放在口袋中，随时随地进行训练。为了避免多次训练后绘制舒尔特方格时被前期记忆干扰，我们可以一次绘制几十张不同的舒尔特方格留置备用，每次训练时随机抽取几张使用，或者直接购买已绘制好的舒尔特方格。

为什么舒尔特方格训练能够帮助被训练者提升注意力、专注力和观察力呢？我来介绍相关原理。

✏️（1）扩大关注范围

做舒尔特方格训练，要想速度快，必须扩大关注范围，看到1时就注意到2在哪，甚至注意到3在哪。只有这样一目十行地找，才能尽快完成舒尔特方格训练。

✏️（2）延长专注时间

面对随机分布的数字，注意力稍微分散，可能就会多用去几秒，甚至十几秒。因此，要想尽快完成舒尔特方格训练，需要在训练过程中高度集中注意力并保持专注，从而达到延长专注时间的效果。

如果能做到每天抽出5分钟坚持进行舒尔特方格训练，持续一个月，大家会发现自己的注意力、专注力和观察力有显著增强。随着训练的深入，被训练者能够做到更快地阅读和认字，这不仅有助于提升被训练者的注意力、专注力和观察力,还有助于提高被训练者的学习能力。

因此,如果你饱受专注力有限的困扰,不妨试着做一做这个简单但有效的舒尔特方格训练,相信你一定能在专注力上有所突破!

学习方法

第三章 03

在学习的道路上，我们都是探索者。有些人确实拥有令人羡慕的天赋，但对大多数人来说，要想取得优异的成绩，必须掌握高效的学习方法。北清学霸也不例外，他们确实很努力，但更重要的是，他们懂得如何在高效的学习方法的帮助下努力。

他们掌握着高效记忆的技巧，能让知识深深烙印在脑海中；他们懂得如何高效预习，能为在课堂上接受新知识做好充分的准备；他们知道如何高效听课，能在课堂上轻松地抓住重点、不走神；他们清楚如何记笔记、整理知识，能熟练地形成自己的知识体系；他们了解如何高效复习，能及时巩固学习内容，确保掌握应掌握的知识……这些学习方法，与天赋无关，是每个人都可以学习与掌握的。掌握它们，你也能成为学习高手！

那么，这些高效的学习方法究竟有哪些呢？应该如何将其运用到自己的学习中呢？现在，让我们一起了解这些高效的学习方法，看看如何借鉴北清学霸的成功经验，让自己的学习之路更加畅通无阻吧！

第一节

如何高效记忆

在学习的过程中,记忆是至关重要的环节。无论是掌握应用技能,还是背诵学术概念,良好的记忆力都不可或缺。然而,在知识海洋中航行,我们时常需要与遗忘进行斗争,那些读过的内容、学过的知识、模仿过的操作,似乎总是难以长久地留存在我们的脑海中。

那么,如何才能减少遗忘,实现高效记忆呢?执着于死记硬背是行不通的,掌握科学的方法和技巧才能事半功倍。访谈过程中,北清学霸纷纷与我分享他们的高效记忆法,接下来逐一介绍给大家,帮助大家在学习和记忆的过程中更加轻松。

1 睡前走马灯记忆法

大家是否曾苦恼于自己的记忆力不尽如人意?总是背了忘,忘了背，背了再忘……仿佛陷入无尽的循环。英语单词、语文课文背了一遍又一遍，考试的时候还是不记得；前一天学的内容，可能第二天就忘得差不多了……总是遇到类似的情况，真的是因为记忆力太差吗？其实不一定，也可能是因为你暂时没有掌握正确的记忆方法。我们的大脑天生是能够存储海量信息的记忆容器，只要掌握了正确的记忆方法，就能够做到高效记忆并减少遗忘。

接下来，为大家介绍一个简单但有效的记忆方法，可称其为"睡前走马灯记忆法"。所谓"走马灯"，即回想、回忆，闭着眼睛在大脑中"放电影"。

要想牢牢记住刚学过的知识，我们要做的并不是长时间盯着书去背诵和记忆，而是合上书，努力回想，针对这部分内容，能够回想起多少？比如，每节课下课，立刻回想刚刚这节课老师讲的内容；每天的课程结束，立刻回想当天学的内容。在这个过程中，要想得尽量细致，不要蜻蜓点水式回想，因为此时能想起来的内容，会形成长时记忆，甚至终身不忘。此时想不起来的内容，就需要及时复习并背诵、记忆了，这叫查漏补缺。

注意，复习和强化记忆不能依靠翻开书走马观花地看。我了解到，很多学生会陷入的一个误区是每次复习和强化记忆都是漫无目的的，比如，要系统复习的时候，就翻开书，从第一页开始看。这种习惯延续到大学，很多学生甚至在备考四六级英语水平考试要记单词时，都是翻开单词书，从 abandon（放弃）开始记。这种记忆方法是不可取的，我们进行复习和强化记忆时需要做的是找到自己不熟悉的内容，重点突破。那么，怎么找到自己不熟悉的内容呢？进行走马灯式回想。如果自己不主动进行回想，很难发现自己对哪部分内容不熟悉，也就很难明确复习和强化记忆的目标。

为什么将走马灯式回想安排在睡前效果最好呢？我发现我访谈的众多北清学霸有一个共性，就是几乎不会熬夜学习，也不怎么参加补习班，但能取得好成绩。为什么呢？因为他们特别注重一件事情，就是睡眠。睡眠充足真的对学习有很大的帮助吗？没错！接下来，我要给大家讲一个关于脑科学的知识。

请大家做一个判断，假设今天我们背了一篇文章，大家认为是背诵之后立刻参加考试效果更好，还是先睡一觉再参加考试效果更好？

很多人会觉得背诵之后立刻参加考试效果更好，但实际情况是休息一下，先睡一觉再参加考试效果更好。为什么呢？这里涉及我要讲的关于脑科学的知识。

睡眠过程中，我们的大脑会对新学的知识进行深度加工和巩固。

也就是说，我们睡着了，但我们的大脑还在工作，在帮助我们巩固对知识的记忆。

在这种情况下，大脑帮助我们巩固记忆的信息，和我们睡前输入大脑的信息直接相关。因此，睡前这段时间非常宝贵，是学习新知识的好时机，建议大家尽量少卧谈、少在睡前玩手机。如果大家能做到晚上睡觉前先快速在脑中走马灯式回想当日所学的知识，再针对想不起来的知识、模糊不确定的知识及时翻阅资料查找答案，最后快速进入睡眠状态，大家会惊奇地发现，自己能够轻而易举地记住睡前回想和翻阅的大部分知识。周而复始，可以逐步将短时记忆转化成长时记忆，进而在考试中取得高分。

睡前走马灯记忆法是一个运用了脑科学原理，巧妙地调动大脑帮助我们完成记忆工作的高效记忆方法，也是很多北清学霸力荐的高效记忆方法，大家不妨试着使用一下。

2 关键词记忆法

大家是否遇到过以下情况？看到政治、历史、地理等文科需要背的海量知识点就皱眉头，深受记忆任务的困扰；面对这些文科知识点，用了很多时间和精力，背了一遍又一遍，但是考试的时候就是难以拿高分……遇到这些情况，不要立刻怀疑自己的记忆力有问题，很多时候，出现问题的是我们针对这些文科知识使用的记忆方法。

接下来，为大家介绍一个省时省力的高效记忆方法：关键词记忆法。这个方法特别适合用于文科知识的学习和记忆。

我访谈的清华大学的学生鹏程就强烈推荐大家使用关键词记忆法学习。鹏程说："关键词记忆法是我平时经常使用的一个高效记忆方法。举个例子，面对政治课本中的极长、极复杂的概念，我不会强行要求自己整句记忆，而是会先挑出来几个关键词，再用这些关键词去串联相关概念的具体内容。政治考试中要写很多东西，除了重点专用名词，很多概念是不需要一字不差的记忆的，把关键词提炼出来，用自己的语言去串联这些关键词，也能拿到不错的分数。因为政治、历史学科的大部分知识与语文、英语学科不同，并不要求我们记得丝毫不差，我们可以用自己的习惯组织语言。地理学习同理，比如，对矿产资源进行分析，会有固定的几个方面，交通运输、设备设施、科学技术、市场前景等，记忆时，完全不需要死记硬背具体内容，记住以上几个关键词之后，对课本上解释说明这些关键词的内容加以理解，考试时用自己的语言输出答案即可。"

简而言之，通过记忆关键词，我们可以快速把握知识重点，提高记忆效率和得分能力，让学习事半功倍。关键词记忆法的使用重点在于提炼、记忆知识点中的关键词，以点带面，形成完整的知识体系。记忆过程中，我们不需要逐字逐句地背诵课本内容，只需要先记住关键词，再使用自己的语言组织和表达即可。这样一来，不仅记忆压力大大减轻，还能够更加精准地把握知识点，避免遗漏或混淆知识点。

那么，具体应该怎么做呢？以记忆《中国历史》八年级上册第一单元中的"中国开始沦为半殖民地半封建社会"的相关内容为例，介绍使用关键词记忆法的过程。下面，我们一起看一看这一单元的主要内容。

> 政治上，西方列强先后对中国发动了两次鸦片战争，中国开始沦为半殖民地半封建社会，与此同时，中国人民开始进行不屈不挠的反侵略抗争，涌现出林则徐、关天培、陈化成等英雄人物，农民阶级发动了反帝爱国的太平天国运动。
>
> 经济上，中国被迫卷入资本主义世界市场，自然经济开始解体。
>
> 对外关系上，中国的"闭关锁国"状态被打破，开始了不断妥协、退让的屈辱外交。

这已经是目标单元经过提炼的重点知识了，但仍然是好几段话的状态，我们要继续加工，使它更容易被记忆，使自己能更轻松地在考试时调用相关内容。进一步将目标单元的主要内容提炼为关键词，如下。

> 政治方面：鸦片战争、半殖民地半封建、反侵略抗争、英雄人物。
>
> 经济方面：自然经济解体。
>
> 对外关系方面：屈辱外交。

通过这些关键词，我们可以清晰地把握目标单元的核心内容。记忆时，我们只需要记住这些关键词，考试时用自己的语言拓展、补充作答即可。

如此学习，不仅记忆效率会大大提高，还能够在考试时更加精准地答题，得到高分——阅卷老师阅卷时，通常会根据关键词给分，这些关键词就是所谓的得分点。

我发现，其实自己就是关键词记忆法的受益者。高中阶段，我在不自知的情况下使用关键词记忆法让自己的历史成绩接近满分。接近满分对文科来说是很难做到的，我做到了这一点，完全得益于关键词记忆法帮助我精准地在试卷上命中了几乎所有得分点。

最开始,我的老师难以理解这件事,用他的话来说,就是"看你平时不怎么背书,竟然能得到高分,不可思议"。其实原因很简单,与大多数同学不同,我记忆知识点从不依赖死记硬背,而是通过理解整体架构提炼关键词,并重点记忆这些关键词。我发现,这样学习,不仅记忆效果优于一段一段地背诵,还有助于更好地应对考试。

很多同学为了在考试中得到高分,拼命写满试卷,但成绩并不理想。这是因为他们在记忆时只注重机械的重复,没有好好把握重点。通过使用关键词记忆法,精准把握得分点,在考试中取得更好的成绩是必然的。

总而言之,关键词记忆法告诉大家,面对部分文科知识点,并不需要像背古诗词一样一字不落地背诵,而是要在通篇理解内容的基础上,提炼并记忆关键词。考试的时候,我们可以根据自己对关键词的记忆,基于对所涉及的知识的理解来组织答案。这些关键词,就是我们组织答案的"纲"。

大家掌握并能够熟练使用关键词记忆法后,就会发现,它是我们学习事半功倍、考试斩获高分的一大秘诀。

3
碎片时间记忆法

大家是否有过如下苦恼？想提高记忆效率，专门安排两个小时来背书，结果却不如意，背到头晕眼花，能记住的并不多。这是我们的记忆力出了问题吗？不是，只是我们没有用对记忆方法。

研究表明，相对于在较长时间内集中地记忆大量内容，更高效的记忆方法是在较短时间内专注地记忆少量内容，并多次重复。换句话说，高效记忆需要符合两个原则，一是少量，二是多次。

接下来要介绍的碎片时间记忆法就完全遵循这两个原则。

"少量"有什么好处？

研究表明，分散记忆比集中记忆的效果好很多。也就是说，我们分 3 次，每次用 10 分钟进行强化记忆的效果，比每次用 30 分钟进行持续记忆的效果好很多。

原因是什么？其一，"少量"可以极大地减轻我们的畏难情绪，避免我们因为需要记忆太多东西而丧失动力，甚至不断拖延。其二，大量的记忆任务很容易让我们感到焦虑，人处在焦虑的状态中时，大脑皮层的有效活动会减少，记忆效果自然不会好。因此，如果发现自己用了很长时间还是记不住目标内容，建议大家不要继续逼迫自己，转而尝试对目标内容进行拆分，另外安排记忆时间，时间安排得不要过分集中，可能会有更好的效果。

为什么需要"多次"？与艾宾浩斯遗忘曲线有关。 根据德国心理学家赫尔曼·艾宾浩斯的遗忘曲线理论，短时记忆转化为长时记忆需要不断重复，与遗忘对抗，因此，接受新知识后需要多次、有间隔地进行复习。

大家搜索"艾宾浩斯遗忘曲线"即可发现，遗忘有先快后慢的规律，随着时间的推移，遗忘的"量"大致是学完20分钟后遗忘41.8%、1小时后遗忘55.8%、8~9小时后遗忘64.2%、1天后遗忘66.3%、2天后遗忘72.2%、6天后遗忘74.6%，一个月后遗忘78.9%。了解这个规律后，要想减少遗忘，就要刻意复习，在重要的时间点重复、多次记忆，追求事半功倍的效果。

北京大学的学生小梦记忆知识点时非常喜欢使用以少量、多次为特点的碎片时间记忆法。相较于用大段时间去记忆大量知识，他更倾向于把知识群拆解成知识点，即对记忆任务进行拆分，分配到日常生活中的碎片时间里完成记忆。比如，等车的时间、坐车的时间、做早操的时间、吃饭前的时间、睡觉前的时间、醒来后的时间，都可以用来记忆知识点。不要小看这些分散的碎片时间，这些碎片时间加起来，每天有一两个小时，甚至三四个小时。日积月累，日常需要记忆和复习的内容，基本上都可以利用碎片时间完成记忆和复习。

在这里，给大家介绍一种很好用的工具，叫作记忆卡片。利用碎片时间记忆和复习时，我们可以合理使用自制的记忆卡片——将需要记忆和复习的知识写在卡片上，随用随取。记忆卡片可以帮助我们把需要记忆和复习的关键知识集中起来，且便于携带（可以放在口袋里），支持随时随地利用碎片时间实现快速记忆和复习。

如何用好记忆卡片呢？大家可以在记忆卡片的正面和反面一详一略地写上需要记忆和复习的知识，比如，针对英语单词，正面写单词，反面写单词的中文意思、音标和例句；针对数学公式，正面写公式，反面写公式说明和例题；针对历史事件，正面写事件名称，反面写事件发生的时间、地点和事件的意义……正反面知识点详略得当的书写方式，不仅有助于我们记忆和复习，还可以供我们随时自测。注意，用完的记忆卡片不要随意丢弃，将记忆卡片存放起来，后续可以多次利用——可以打乱顺序，用于随机复习，也可以用涂改液遮挡关键部分，把记忆卡片变成填空卡片，用于定期测试。

总之，希望大家不要用碎片时间去刷短视频、玩游戏、八卦，而是去进行强化记忆、复习。绳锯木断，水滴石穿，用好碎片时间，一定可以收获更快的成长和进步。

4 多感官记忆法

大家是否有过如下体验？记忆英语单词时，仅看，不读、不写的单词，非常容易忘记，而既看，又听、读、写的单词，往往会记得非常牢。为什么呢？因为后者在记忆过程中使用了多感官记忆法。接下来要为大家介绍的就是多感官记忆法。

多感官记忆法是通过刺激多种感官来增强记忆的高效记忆方法。

研究表明，多感官同时受到刺激时，大脑的记忆中枢会被充分调动，使我们对信息有更全面、更深刻的认识和记忆。

那么，如何使用多感官记忆法呢？最重要的是明确我们需要在记忆过程中调动哪些感官。看、听、读、写、想，涉及的越全面越好。看，指用眼睛观察；听，指用耳朵听取；读，指用嘴巴朗读；写，指用手书写；想，指用大脑思考、记忆，这些动作相互关联、相互促进，能帮我们更高效地记忆知识点。

在多感官记忆法的使用过程中，"读"是不可或缺的。很多北清学霸强调过"读"的重要性，在读的同时，大家能够充分使用眼睛、耳朵、嘴巴等多感官去强化记忆，从多个角度入手加深对知识点的印象。

为了达到最佳效果，大家可以尝试在"读"的同时加入"写"的动作，通过"看+读+听+写"组合记忆，将信息更深刻地烙印在脑海中。请注意，"写"并不一定要规范、整齐，可以准备一个"乱写本"，随想随写，用手指在空中书写同样有效——相较于写下的内容，"写"这个动作更为重要。

多感官记忆法特别适合用于记忆古诗词、英语单词等绝大部分文科内容。以德国考古学家海因里希·施里曼为例，他善用多感官记忆法，勤奋自学，掌握了英语、法语、荷兰语、西班牙语、意大利语等18种语言。这充分证明了多感官记忆法在语言学习中的神奇力量。

其实，即使不是多感官并用，多尝试使用不同的感官辅助记忆，也可能有意想不到的收获。每个人的记忆特点不同，因此，尝试使用不同的感官辅助记忆很有必要。比如，有些人是视觉型学习者，能够通过浏览达到记忆目的；有些人是听觉型学习者，能够通过听内容达到记忆目的；而有些人是触觉型学习者，能够通过动手写达到记忆目的。

为了明确自己的记忆特点，大家可以探索一下自己各感官的记忆效率。一旦明确了这一点，大家就可以在学习过程中发挥各感官的优势，取得事半功倍的效果。

以我为例，经过一段时间的探索，我发现自己是听觉型学习者。在当主持人的日子里，我经常需要在短时间内记忆大量内容。发现听录音比看稿子更能提高我的记忆速度和时间利用效率后，拿到需要记忆的稿子，我会先通篇匀速读一遍，再录制下来，反复听。如此一来，我可以在各种场景中进行记忆，比如洗漱时、化妆时等。如果大家想借鉴使用这个方法，为了确保准确记忆，建议大家在录制时尽量减少错误，以免在反复听的过程中加深错误记忆。可以多熟悉几遍内容再录音，也可以多录几次音，选择最好的录音作品反复听。

建议和我一样的听觉型学习者在学习过程中尝试使用这种方法，比如，对于需要背诵的课文，录制自己朗读的声音并反复听。如果大家经常在校园里看到学霸戴着耳机走来走去，注意，他可能并不是在听音乐哦。

总之，多感官记忆法是一种非常有效的记忆方法，通过综合调动多感官，找到高效记忆的最优解。试着使用这种方法，让你的学习之路更加顺畅吧！

5 两头记忆法

提高记忆效率,最关键的是与遗忘抗衡。掌握遗忘规律,就能努力做到高效记忆。

在教育心理学领域,有一种理论名为"干扰说",用于解释遗忘规律。干扰说告诉我们,遗忘的发生,是因为在学习和记忆之间,有其他因素的干扰。

简单地说,如果上午学的知识,下午就忘了一部分,原因可能是中午发生的事情对上午学的知识产生了干扰。干扰说中的干扰,被具化为"前摄抑制"和"倒摄抑制"。

"前摄抑制"指之前学习的内容会干扰之后的学习。举个例子,早晨起床后立刻记忆古诗词或课文的效果比课间记忆同样的内容的效果好,因为早晨起床后大脑比较清醒,没有太多学习内容干扰,可以全神贯注地学习、记忆目标内容,记住的内容会更多,学习效率会更高。这解释了为什么很多学校要求学生在早晨朗读课文,因为这时学生大脑里的干扰内容少,可以更好地背诵课文。

"倒摄抑制"指学习到的新内容会干扰之前学习的内容。在倒摄抑制的影响下，晚上学习一段时间后立刻睡觉，对所学知识的记忆通常比学习后继续活动深，因为没有新的内容干扰睡前学习的内容。这是很多人睡前读书记忆效率极高的原因。

注意，如果将学习时间安排在一天的中间段，很容易受到前摄抑制和倒摄抑制的双重干扰，即双重抑制。双重抑制不仅体现在学习时间安排上，也体现在学习内容记忆上。大家有没有发现？我们在背诵较长的课文时，开头部分和结尾部分往往更容易记住，而中间部分非常容易遗忘，这是因为对中间部分的记忆容易受到开头部分和结尾部分的干扰。

某研究人员做过一个记忆实验，让实验对象记忆12个毫无关联的音节。实验结果表明，多数人能够很轻松地记住第1个音节和最后1个音节。那么，中间的音节呢？不仅记得很慢，而且出现的记忆错误相对较多。这说明，多数人记忆大量内容时，有两头记得好、中间记得差的特点。

明确这一记忆特点后，应该如何有针对性地优化学习安排呢？

优化方法一：高效利用早上和晚上的黄金时间，专注于学习。

早上和晚上是我们最清醒、记忆力最好的时段，可以用来学习、记忆需要重点掌握的学科及知识点。

优化方法二：使用"上下半场策略"，合理安排上课听讲的精力。

大部分人单次注意力高度集中的持续时间只有 20~30 分钟，有的人甚至更短。一旦超过这个时间，就难免进入注意力不集中的状态。为了应对这种情况，除了平时要加强练习、提升专注力，还可以合理使用"上下半场策略"。学校里，一节课一般为 45 分钟，可以将其一分为三，将前 20 分钟视为上半场，将后 20 分钟视为下半场，将中间 5 分钟视为休息时间。这样，每节课的"两头"，即上半场和下半场，都高度集中注意力，认真听课，而中间的 5 分钟"休息时间"，可以适当地放松一下大脑，让自己更好地迎接对后续内容的学习。这种策略类似于足球比赛中的上下半场制度，通过合理的休息和调整，保持最佳的学习状态和学习效率。

注意，5 分钟的"休息时间"不是强制性的，大家可以根据具体情况灵活调整。如果碰到老师讲解的内容特别重要或自己不太理解、需要着重听讲的情况，可以适当地将"休息时间"延后，努力保持注意力的集中，等老师将目标内容讲解完毕后再进行适度放松。

总而言之，与遗忘抗衡是提高记忆效率的关键。通过了解遗忘原因并掌握遗忘规律，用好两头记忆法，我们可以制订更高效的学习计划。高效利用早上和晚上的黄金时间,使用"上下半场策略"合理安排学习与休息的时间,可以帮助我们更好地保持学习状态,进而提高学习质量。记住,学习需要耐心和毅力,不断复习和巩固所学知识,才能得到持续提升和进步。

第二节

如何有效预习

大家遇到过上课时手忙脚乱、跟不上老师讲课进度的情况吗？这种情况，很可能就是我们学习吃力的罪魁祸首。那么，应该如何避免这种情况的出现，努力让自己在课堂上学到尽可能多的知识呢？本节，给大家介绍 2 个有效预习的好方法。

也许有人会说："我学习新知识之前也预习啊，为什么我的成绩依然不好呢？"很可能是因为预习的方法不对，没有明确预习的目的。注意，预习的目的只有一个：为课堂听讲做准备，让自己能在课堂上听懂老师讲的内容，让自己能把新知识学明白。

清华大学的学生周生在高中阶段的学习中，仅凭增加有效预习这一个环节，在一个月之内，成绩大幅提升。据调查统计，不预习的学生在课堂上学懂的知识仅有 50%~60%，预习的学生在课堂上学懂的知识可达 80%~90%。这就是差别，预习太重要了！

接下来，一起掌握预习的方法，解决听课效率不高的问题吧！

1 框架预习法

面对文科，如何提高课堂上的听课效率呢？很多北清学霸有一个秘密武器——框架预习法。框架预习法不仅适用于基础教育阶段语文、英语、历史、政治、地理等学科的学习，还适用于高等教育阶段人文社会科学相关专业的学习、研究。框架预习法之所以受学霸们的青睐，是因为它能帮助我们在学习过程中建立清晰的知识框架，提高理解和记忆的效率。

框架预习法的使用并不复杂，主要分为以下 3 个步骤。

（1）快速通读目标知识

这一步的目标是与知识"混个脸熟"。此阶段，不需要深入研究每一个细节，只需要大致浏览学习内容，查一查生僻字、了解一下涉及的人物的背景。这样做是在建立对学习内容的第一印象，使我们在正式学习的过程中感到轻松，而不是面对大量全新的知识。想想看，人际交往中，我们是怎么从陌生开始，一点点熟悉起来的？学习也是如此，通过快速通读目标知识，我们与知识之间的熟悉度开始增加。

✏️（2）构建知识框架、绘制思维导图

初步了解目标知识后，我们需要构建一个知识框架。知识框架可以帮助我们将零散的知识点串联起来，形成完整的知识体系。构建知识框架可以以思维导图为工具，绘制的思维导图不必非常详细，抓住重点更为重要，最主要的目标是将知识点与整体框架有机地联系起来。举个例子，在政治学科的学习中，学习经济生活的相关内容时，我们可以根据教材的章节设置，分别绘制商品、货币、市场等部分的思维导图，并针对各部分的知识点细分子知识点，如针对货币部分细分货币的起源、职能等知识点。通过这样构建知识框架，我们可以清晰地把握各部分内容的结构和要点。

为了确保思维导图的完整性和准确性，绘制思维导图后，我们可以使用教辅工具进行核对、查漏补缺。比如，与教材配套的教师用书通常会提供针对课程内容的整体框架，我们可以参考这些框架完善自己的思维导图。注意，虽然可以借鉴他人的框架，但一定要有自己的思考和整理，这样才能更好地理解和记忆知识。

✏️（3）标记不理解的内容

在预习的过程中，难免会遇到不理解的内容。遇到不理解的内容

时，可以在自己绘制的思维导图上做标记，上课时带着问题听讲，不仅不会遗漏任何知识点，还能够更有效地专注于理解重点内容。

使用框架预习法，我们不仅能够建立整体知识框架，还能够明确需要重点关注的问题，在课堂上做到目标明确、效率倍增。简简单单的3个步骤能带来如此显著的学习效果，何乐而不为呢？

2 例题预习法

面对文科知识，有框架预习法，面对理科知识，也有绝佳的预习方法——例题预习法。针对数学、物理、化学、生物等学科，应该如何进行有效预习呢？让我们一起来了解例题预习法。

理科与文科不同，其学习核心在于理解和运用，因此，仅浏览文字、提前熟悉相关知识点的预习效果并不理想。针对理科预习，有一个非常实用的方法，即例题预习法。例题预习法完美对应理科的学习特点，能够帮助大家在实战中发现问题，提高理解知识的能力和运用知识的能力。

那么，如何使用例题预习法进行预习呢？其实很简单，即直接动手做例题、课后习题。为什么要做课本上的例题、课后习题，而不是直接做习题册上的更多、更全的题目呢？因为课本上的例题、课后习题通常会非常直接地体现和考查对应章节的知识点，而且题目难度不大，不会弯弯绕绕地融合太多的知识点，打击学习信心。

做课本上的例题、课后习题时，若做得出来，说明我们的自学能力很强；若做不出来，没关系，很正常，因为相关知识点我们还没有正式学习。在做题的过程中，我们要重点关注自己的思路卡在了哪一步、解答哪个问题时最费劲，对应的知识点通常就是需要重点学习的新知识点——之所以会卡思路，是因为还没有彻底掌握相关知识。这个时候，我们再来重点理解、记忆相关知识点和公式，并将其代入例题、课后习题，把题目做出来，就能轻松学会目标知识点最基础的考试应用方法了。

即使再次学习相关知识点之后还是没有把题目做出来，也没关系，这时，我们已经有了做题的经验，知道自己的思路卡在了哪一步。这个让我们卡思路的知识点，正是老师要讲的内容，我们带着前期思考和明确的重点去听课，听老师讲解的时候印象会更深刻，这能够为我们之后做更难的题打下良好的基础。

在访谈北清学霸的过程中，我发现很多人会使用例题预习法进行预习。清华大学的学生李爽说："在预习的过程中，即使自己无法完整地做出课本上的例题、课后习题，也是会有一些零散的思路的，把思路写下来，听课的时候看看老师的思路跟自己预习时的思路有什么不同，这样能很大程度上避免在考试的时候用错误的思路解答考查相关知识点的题。即使完全没有思路，使用例题预习法预习也有很大的好处，即让自己明确了目标知识点需要在上课的时候特别认真地听讲。"

综上所述，例题预习法是一种以终为始的预习方法，让我们先进行实战演练并发现问题，再带着问题去听课、学习，从而加深自己的记忆，提高做题的正确率，在考试时拿高分。

此外，特别提一句，预习不仅能让我们尽快熟悉知识点，还能让我们获得一种心理优势，这种心理优势会转化为学习信心和学习动力。大家想一想，如果上课前，我们已经对这节课要学的内容做到了心中有数，是不是会更有信心、更有动力地去听课？上课的积极性、学习的效率自然会提高。

如何高效听课

大家对二八定律应该不陌生,二八定律又称巴莱多定律,是意大利经济学家巴莱多于19世纪末20世纪初提出的。

二八定律表明,在任何一组东西中,最重要的只占小部分,约20%,其余80%虽然是多数,但是是次要的。比如,在这个世界上,20%的人控制着80%的财富。

其实,在学习场景中,也有很多二八定律的体现。比如,有些学生在课堂上用80%的精力学习,课后只用20%的精力学习,学习成绩优异,而有些学生正好相反,在课堂上只用20%的精力学习,课后则特别努力,用80%的精力熬夜学习,结果如何呢?学习效果并不理想。因此,把握好二八定律,在更重要的事情、更关键的时间节点上投入更多精力,才能事半功倍。

1 精力分配听课法

大家是否认为在课堂上学习效率高的学生一定是整节课都在全神贯注地听讲的学生？其实两者不一定重合，因为对青少年来说，即使是在休息良好、精力充沛的情况下，也难以保证长时间的高度专注。那么，应该如何避免在听课的过程中因专注力不足而错过老师对重点内容的讲解呢？要学会使用精力分配听课法。

既然知道自己不可能长时间对所有内容保持高度专注，就需要在内容上做取舍。

我们需要知道，应该对哪些内容投入较多的精力，同时对哪些内容适当减少精力的投入。要做到这一点，用好框架预习法和例题预习法很重要。通过有效预习，我们能够清晰地了解目标课堂的知识内容中，哪些内容是自己不懂的，哪些内容是自己已经基本掌握的。在此基础上，当老师讲到自己不懂的内容时，要打起精神来，认真听讲，而对于自己已经掌握的内容，可以适当减少精力的投入。据此做好精力分配，我们就可以在部分时段适当放松，以保证自己在老师讲重点内容的时候能够高度投入。

在课堂上带着问题听课，做好精力分配，能够让我们的听课效率更高。当然，有一点需要注意，听到自认为已经掌握的内容时，正确的态度不是完全不听讲，而是用 30% 的精力投入度听讲，以免自己遗漏老师补充介绍的内容。这就好比在老师讲评试卷的时候，我们要重点听的是自己做错的题目，对于自己做对的题目，可以适当降低听讲专注度，但不代表可以完全不听老师的讲评，因为老师可能会在讲评过程中补充介绍一些更好、更新颖的解法。

使用精力分配听课法，我们可以设定一套专属于自己的、用于标注目标内容重要程度的符号。

北京大学的学生花花会用自己常用的符号提前给学习内容标注重要程度，比如在自己不太理解的内容前标注三角形；在自己完全看不懂且觉得很重要的内容前标注五角星；在自己常做错的题型前标注两个感叹号……使用这样的标记符号，能够帮助她在上课的时候不假思索地确定自己当下应该投入的精力值。

由此可见，会听课的学生从来不是"眉毛胡子一把抓"地听课，而是能够区分轻重主次，做好精力分配，使自己的课堂学习效率更高。

2 思路跟随听课法

想要听课的效率高、效果好,就要努力在课堂上做到思路跟随着老师,减少走神、溜号的次数。接下来要为大家介绍的是思路跟随听课法,重点要求"五到",即眼到、口到、手到、心到、脑到。

(1)眼到

上课听讲的时候,建议大家眼睛尽量盯着老师,多和老师进行眼神互动。大家有没有发现?如果我们上课时一直认真地盯着老师,老师也会经常看向我们,和我们进行眼神的接触和互动,比如根据我们的眼神判断我们是否听懂了他讲解的知识点,并据此调节他的讲课速度和细致程度。与此同时,多和老师进行眼神互动是一种很好的让自己听课更加专注的方法,因为在不自觉地走神的情况下,一旦与老师有眼神接触,我们会猛然回过神来。如果有选择的机会,建议大家尽量坐在教室的前几排,方便自己接受老师的监督,借助外力使自己在听课时更加专注。

(2)口到

建议大家多在课堂上主动发言,因为主动发言能让我们的思路紧跟老师讲的内容。无论我们的发言正确与否，都是有益处的——如果我们的发言是正确的，说明我们对相关知识点的掌握很准确，能够因此获得更多自信；如果我们的发言是错误的，我们内心的反应会更强烈一点，能够更加深刻地记住自己在相关知识点的掌握上存在一些问题，促使自己加强学习。由此可见，在课堂上主动发言、积极求证，无论对错，都有很大的益处。

（3）手到

提高在课堂上做笔记的频率，因为勤动手、随听随记，能够有效降低自己分神的概率。

（4）心到

尝试快速在心里将老师的话重复一遍。不需要发出声音，也不需要动嘴，不管老师说什么，立刻在心里原封不动、一字不落地重复一遍即可。比如，老师说"这节课学习二次函数"，我们立刻在心里跟着默念，"这节课学习二次函数"。大家尝试一下就会发现，这个帮我们集中注意力的方法很神奇，如果能做到在课堂上跟着老师的讲解思考，且在心里把老师的每句话都重复一遍，我们想走神都难。

（5）脑到

如何做到"脑到"？具体来说，就是老师每讲一个重要知识点，立刻顺着他的思路想，如果是我自己做相关练习，我的思路会不会有卡顿？我关注的重点和老师一样吗？我思考的步骤和老师一样吗？在大脑中对自己的思路与老师的思路进行一个对比和碰撞，重点关注思路差异。如果你做过有效预习，或者基础比较好，甚至可以对老师的解题思路进行预判，先想一想老师可能会怎么讲，再去听老师的讲解，完成对比和碰撞。这样做不仅会让我们更加专注地听课，还会调动我们的学习兴趣，让我们对知识点记忆得更牢固。

以上就是思路跟随听课法强调的"五到"。大家发现没有？如果我们总是不断提醒自己，强迫自己注意力集中，可能会适得其反，注意力更无法集中，而做到眼到、口到、手到、心到、脑到后，我们不需要思虑太多，也不需要不断提醒自己，就不仅能够自然地做到注意力集中，还能够提高自己在课堂上的积极性、紧跟老师讲课的思路。如此一来，听课的效率自然低不了。

3 352 课间利用法

对课堂的高效利用，其实不仅与课堂上的 45 分钟有关，从课间就开始了。

大家有没有发现？学习成绩好和学习成绩不好的学生，对待课间的态度是完全不同的。比如，有的学生还没有到下课的时间，就已经在期待下课铃声并准备冲向操场了，而有的学生在争分夺秒地思考课堂上新学习的内容；有的学生习惯在课间和同学玩闹、聊八卦，而有的学生会及时利用课间复习上节课学习的内容。千万别觉得课间这短短几分钟不重要，恰恰是这短短的课间，拉开着同一间教室里的学生的成绩差距，因为对课间的利用直接影响甚至决定着大家上课时的状态。

352 课间利用法，简单来说，就是将课间的 10 分钟划分为 3 分钟、5 分钟和 2 分钟 3 个时间段，分别用于复习上节课学习的内容、课间休息和为下节课的学习做准备。

有人可能会质疑："需要将课间的 10 分钟划分得这么精确吗？"答案是"需要"，考上北京大学、清华大学的很多学霸都是这样管理自己的时间的。这样的划分并不是随意的，而是经过学霸们精心设计的。

那么，如何利用这些时间呢？接下来一段一段地进行介绍。

下课铃声一响，学霸们会立刻从"听课模式"切换到"复习模式"。短短的 3 分钟，是他们快速回顾课堂内容的黄金时段。这时，他们就像给大脑装上了一个"记忆加速器",会对刚刚学习的重点内容进行一一回顾,加强记忆,单词、语法、公式,每一个细节都不放过。建议大家努力养成这种习惯,下课后,立刻用 3 分钟的时间回顾和复习刚刚在课堂上学习的重点内容,无论是单词、语法、公式,还是解题思路,在 3 分钟内快速回顾一遍,是完全可以做到的。可能有些人会有疑问,用短短的 3 分钟做这些事,真的有用吗?答案是"有用",因为这 3 分钟非常关键——此时,大脑中,上节课获取的知识点还处于比较清晰的状态,及时复习,可以加强记忆,利于形成长时记忆。

接下来的 5 分钟是休息时间。注意,学霸们的休息可不是简单的发呆。学霸们大多会在此时走出教室,呼吸新鲜空气,让大脑得到放松。用 5 分钟给大脑充充电,以便在下节课的学习中更加专注和高效。为什么有一些学生特别努力但是成绩总是不理想?很可能是因为他们在课间应该休息的 5 分钟内仍然在做题,导致下节课的学习精力不足。这就是捡了芝麻丢了西瓜的行为,得不偿失。因此,这 5 分钟的休息时间一定要留出来。注意,不要在课间通过看课外书的方式休息,这样容易分散我们的注意力,影响我们下节课的学习效果。

最后的 2 分钟用来做什么呢?提前 2 分钟回到教室,让自己静下心来,提前投入上课状态,做好上课准备。比如,准备好要用的课本、习题册、练习本，不要等到上课了再慌乱地翻找。如果都准备好了，可以利用这 2 分钟对下节课的学习内容进行一个简单的预习。即使前一天已经预习过了，此时也可以再次回顾，加深印象，明确自己要着重听讲的内容，以便更好地分配听讲的精力。如果大家没有提前一天预习的习惯，更要用好这段时间，因为不管详略，预习都非常有用，能让我们上课时更有针对性地听讲，就像拥有了"知识定位器"。

掌握了 352 课间利用法，我们就能够更好地巩固上一节课学习的知识点，同时为下一节课的学习做好准备。坚持这样做，大家会发现自己的学习效率越来越高，成绩也会随之提升。

因此，千万不要浪费课间的 10 分钟。使用 352 课间利用法合理安排时间吧，让我们的学习更加高效。相信我，只要坚持使用 352 课间利用法，提高课堂学习效率、成为学霸不是遥不可及的梦想。

第四节

如何记笔记

面对繁杂的学习任务，大家是否曾为如何高效地记笔记而苦恼？记笔记，看似简单，实则蕴含着无尽的智慧与技巧。在学习的征途上，所有人都是探索者，而北清学霸，大多数是找到了、掌握了笔记之道的人。对他们来说，记笔记不是学习的负担，逻辑清晰、重点明确的笔记是思考的伙伴、学习的助手。那么，如何掌握笔记之道呢？接下来，我们一起了解北清学霸的笔记秘籍。

1 节食笔记法

大家是否有过如下经历？上课时，为了记下老师说的每一句话，疯狂地记笔记，结果并未理解老师讲解的重点知识，导致虽然笔记完美，但是脑内空空如也。接下来，我为大家介绍一个简单却高效的记笔记方法——节食笔记法。

很多人在记笔记这件事情上走了极端,不是过分追求完美,就是完全不屑一顾。其实,记笔记的目的是让自己学习时不偷懒,用笔记辅助自己理解和记忆,笔记成品完美与否,并没有那么重要。

正式了解节食笔记法之前,我们要明确一点,即**完美的笔记并不等于扎实的学习**。

过分追求笔记的完美,可能会让自己在记笔记的过程中错过老师的讲解,甚至影响自己的课堂参与度。

节食笔记法,听起来与学习无关,但这个名字其实非常形象。节食笔记法是一种帮助我们更高效地记笔记的方法。减肥期间,我们往往会认真地选择食物,不是什么都吃,也不是什么都不吃,而是有选择地吃。记笔记也一样,要有选择地记。

节食笔记法的最大优点是既节省时间,又不漏重点。别小看这个优点,它真的能让我们在课堂上学习得更加专注。我们记笔记不是为了给别人看,也不是为了参加笔记评优大赛,记笔记只是为了更好地理解和学习目标知识,大家千万不要本末倒置。

那么,应该如何使用节食笔记法呢?我们用历史学习举一个例子。

假设我们正在历史课上学习明朝的相关知识,老师讲述了明朝的建立过程、经济发展情况和文化成就,使用节食笔记法,我们的记录思路如下。

首先,记录明朝的建立时间和与之相关的重要事件,如"1368年,朱元璋称帝,定都南京",这些信息将帮助我们了解与明朝建立有关的重点、难点知识。

然后,记录明朝的经济发展特点,如"农业繁荣,手工业和商业有所发展,海外贸易活跃",这些信息将帮助我们了解与明朝的经济发展情况有关的重点、难点知识。

最后,记录明朝的文化成就,如"《永乐大典》的编纂,文学、艺术和科技取得重大进展",这些信息将帮助我们了解与明朝文化有关的重点、难点知识。

接下来用英语学习举一个例子。

假设我们正在英语课上学习一篇环保主题的英语文章,文章中有很多生僻单词、复杂句型和经典表达方式,使用节食笔记法,我们的记录思路如下。

首先,记录文章的主题及文章内容的关键词,如"环保""可持续发展""自然资源"等,这些关键词将帮助我们回忆整篇文章的内容。

然后,记录文章中的生僻单词和短语,如"recycle""ecosystem""toxic waste"等,这些单词和短语对理解文章内容和扩大词汇量来说非常重要。

最后,记录文章中出现的复杂句型和经典表达方式,如"It is important to note that..." "There is no denying that..."等,这些句型和表达方式对提高英语写作能力和口语能力来说非常有帮助。

综上所述,节食笔记法是一个简单却高效的记笔记方法。通过有选择地记笔记,我们可以更好地专注于课堂,提高学习效率。建议大家下次上课时试着使用节食笔记法记笔记,相信它会帮助大家将知识学得更加扎实且系统化、条理化。

2 康奈尔笔记法

学习是一个不断积累、提高的过程,在这个过程中,我们不仅需要汲取知识,还需要内化所学的知识,将其融入自己的思想和行动。

在这个过程中，笔记扮演着至关重要的角色。

可能会有很多人说，做笔记很简单，老师讲什么，我记下来就好了。事实并非如此，记笔记是有技巧的，同一位老师教的不同的学生，记的笔记是千差万别的。很多学霸很擅长记笔记，每年高考结束后，有些学霸的笔记甚至可以卖出去，得到笔记的人如获至宝。那么，有没有什么记笔记的方法是学霸们普遍使用的呢？答案是肯定的，接下来就给大家介绍康奈尔笔记法。

好的笔记，不仅可以帮助我们更好地整理、记忆和复习知识，还可以帮助我们提升思考力和创造力。康奈尔笔记法强调，笔记不仅是一种记录，还是一种思考和总结的方式。通过使用康奈尔笔记法，我们可以更好地理解知识、把握重点、提高学习效率，进而为未来的学习和工作打下坚实的基础。

那么，康奈尔笔记法到底是什么，又有何特殊之处呢？康奈尔笔记法是一种常见的记笔记的方法，是用推出这种笔记法的大学——美国康奈尔大学的校名命名的，又称"5R 笔记法"。

康奈尔笔记法将记笔记的纸分为 3 个区域：主栏、副栏、总结栏。主栏用于记录学习内容，副栏用于提炼重点，总结栏用于记录自己的思考和总结。

这样的分区，能够帮助我们更好地整理和记忆所学的知识。

了解了康奈尔笔记法的基本信息后，我们来看看具体如何使用康奈尔笔记法。

（1）记录（Record）

在主栏中，按照时间顺序或主题顺序，对课堂内容进行记录。注意，尽量多记有意义的论据、概念，以简明扼要为佳，不要照搬照抄老师讲课时的原话。

（2）简化（Reduce）

简化的过程，就是提炼重点的过程。对主栏中的内容进行提炼、概括、简化，突出重点和难点，写在副栏中。这一步操作，有助于我们加深对学习内容的理解和记忆。

（3）背诵（Recite）

强化记忆后遮住主栏、副栏中的内容，尝试完整地把笔记中的内容叙述出来。

（4）思考（Reflect）

在总结栏中写下自己的思考和总结。这一步操作有助于我们将所学的知识内化入自己的知识体系，优化学习效果。

(5)复习(Review)

复习时,先看副栏中的重点内容,再回顾主栏中的详细记录,最后在总结栏中写反思。这一步操作有助于我们更好地掌握学习内容。

学会使用康奈尔笔记法后,我们来了解一下康奈尔笔记法的使用优势,以便大家更坚定地使用该笔记法提升自己的学习成绩。

优势一:系统整理。 通过分区,系统地整理学习内容,让使用者的思路更加清晰。

优势二:突出重点。 副栏的设置让使用者更加关注重点和难点知识,加深对学习内容的理解。

优势三:促进思考。 总结栏的设置让使用者更积极地总结和反思学习内容,促进知识的吸收、内化。

优势四:方便复习。 副栏和总结栏的设置,会引导使用者更加高效地进行复习巩固,优化学习效果。

用有序的笔记梳理知识、用精准的提炼把握重点、用深刻的思考内化知识,这就是康奈尔笔记法助力学习与思考的底层逻辑。如果你想提高自己的学习效率,不妨试着使用康奈尔笔记法记笔记,相信你会受益匪浅。

如何有效复习

在学习过程中,复习是巩固知识、加深知识掌握程度的关键环节,但很多人对于如何有效复习感到困惑,不知道应该从何下手。

很多北清学霸在这方面有着独到的见解和实践经验,他们深知,复习并不是简单地重复学习已经学过的知识,真正的复习,应该以有针对性地强化薄弱环节,巩固记忆,形成完整的知识体系为目的。通过完成科学有效的复习,我们可以更好地内化知识,为日后的知识应用和拓展打下坚实的基础。

那么,如何进行有效复习呢?接下来,让我们一起深入了解北清学霸的复习方法。这些方法简单、有效,值得每一个人学习、借鉴。跟随北清学霸的脚步,踏上有效复习的极简之旅,让知识在脑海中深深扎根吧!

1 框架复习法 💡

知识海洋无边无际，面对繁杂的知识点，大家是否曾感到困惑、迷茫？很多人遇到过这样的情况：一门课程学完了，笔记记得很认真，考试时却发现很多内容都遗忘了。为什么会出现这样的情况？可能是因为我们只是机械地记住了一个个知识点，没有在脑海中形成完整的知识框架。那么，如何解决这个问题呢？

我们可以使用框架复习法进行系统学习和复习。框架复习法可以帮助我们系统地掌握知识，并加深对知识的理解和记忆，提高学习效率和学习成绩。框架复习法，在日常复习、考前总复习等场景中特别常用。

日常复习时，我们可以努力降低自己对课本的依赖程度，用回想老师上课时的讲解代替翻阅课本，尝试在脑海中构建知识框架。

具体来说，我们可以闭上眼睛，想象自己站在知识殿堂的大门口，每个知识点都是一条通往殿堂深处的路，它们之间的一个个关联节点就是一个个路标。当脑海中慢慢浮现出清晰的知识脉络时，睁开眼睛，将这个知识脉络绘制在纸上，这就是初步成形的思维导图框架。

思维导图是一个强大的学习工具，可以帮助我们整理、记忆知识。通过绘制思维导图，我们可以将复杂的知识点简化为易于理解和记忆的关键词或图形。这样做不仅可以帮助我们提高学习效率，还可以帮助我们更加深入地理解知识。

绘制思维导图的过程就是我们对目标知识进行"主动回想+输出"的过程，这一过程能够帮助我们提高对知识进行提取和输出的能力，进而帮助我们提升考试成绩。此外，这一过程还有助于我们对目标知识进行查漏补缺，因为随着回想的知识点越来越多，我们大概率会发现一些想不起来的知识，此时翻开课本和笔记，对照回想出来的内容，看看有哪些遗漏的地方并加强记忆，记忆效率极高。填补思维导图中缺失的内容，同时对不够准确的内容进行修正和完善，能有效地帮助我们把对目标知识的短时记忆转化成长时记忆。

在这个过程中，大家要注意，绘制思维导图，不是将一个个知识点孤立地写在思维导图框架中，而是要重点关注各知识点之间的关系，比如因果关系、并列关系等，努力让孤立的知识点连结成完整的知识体系。

让知识点之间的关系清晰地呈现在思维导图中。如此一来，在我们的大脑中，这些知识点就不再是一个个散落的点，而是被梳理成了紧紧交织在一起的网。

搭建知识框架、绘制思维导图后，建议大家每天睡觉之前，用几分钟回顾一下当日搭建的知识框架、绘制的思维导图。

回顾时，我们的大脑中应该出现一张视觉化、形象化的网状图，而非一个个知识点。这个睡前回顾只需要用很短的时间，却能够起到很好的效果。

总复习时，我们可以根据课本的目录搭建知识框架、绘制思维导图。很多学霸会在开始进行总复习之前拿出课本，仔细研究课本的目录。千万别小看那简单的目录，可以说，它是全书知识的"地图"。在研究透目录的基础上搭建知识框架、绘制思维导图，是做好系统复习的关键一步。在绘制思维导图的过程中，建议大家先把课本放在一边，拿出一张纸，凭记忆绘制出大的板块，并尽量细化能细化的部分，再比对课本进行细节补充。需要补充的内容，就是我们应该着重复习的内容。

接受我访谈的很多北清学霸，即使已经上了多年大学，仍然能够清晰地记得某一学科高中课本中的章节脉络，甚至于某个知识点在哪一章节哪一板块都记得很清楚。这就是框架复习法的神奇作用。通过搭建知识框架、绘制思维导图，他们脑中有了紧密交织的知识网络，如此一来，知识网格中的知识点很难被遗忘、遗漏。

下次复习的时候，不妨试用这个方法，看看它能给你带来怎样的收获吧！

2 错题集复习法

大家是否曾在考试后懊悔不已，觉得某道题很眼熟，不应该不会做，想着如果多做对一道题，成绩就能更上一层楼？或者在拿到批改后的试卷时觉得有些错误很眼熟，惊觉这类错本不该再犯？类似的经历让我们意识到，学习中，不会做题、做错题并不可怕，关键是要从错误中吸取教训，避免再犯。那么，如何有效地管理错题并利用错题提高学习效率呢？接下来为大家介绍一个简单、有效的复习方法：错题集复习法。

与事半功倍对应的是事倍功半。不断重复学习、复习自己已经掌握的知识，是耗时、耗力，且少有成效的"事倍功半"的做法，与之相反，使用错题集复习法能够帮助大家精准地找到自己应该重点投入时间与精力的学习内容，让大家事半功倍，避免在学习上做无用功。

清华大学的学生小张在中学阶段对物理一直很感兴趣，但有段时间总是不得学习要领，拿不到理想的成绩。在多次练习和考试中，小张发现自己总是在同类知识点上出错，于是，他决定采取行动——整理错题并带着错题请教老师和同学，深入理解物理概念和解题思路。用这个方法学习，不到一年，小张写了3本错题集。通过不断纠正自己的错误解题思路，小张逐渐在物理学习上得心应手，高考时，物理已成为他的优势学科。

具体而言，如何整理和使用错题集呢？我们要明白，错题集，并不是简单地用来记录、积累错题，而是帮助我们使用科学的方法，将错题转化为学习资源。接下来详细介绍整理和使用错题集的方法。

（1）收集、整理错题

将平时在练习、考试中遇到的错题剪下来或者抄写下来，收集、整理到一个本子上。注意，不是所有错题都需要收集、整理，挑选有代表性的、经常错的题目收集、整理即可。

（2）分析错因

针对每道错题，深入分析错误原因。是因为知识点掌握不准确而出错，还是因为解题思路有误而出错？或者是因为粗心大意而出错？明确错因是改正错误的前提。

✎ （3）制订解决方案

针对不同的错因，制订不同的解决方案。如果是因为知识点掌握不准确而出错，需要重新学习相关内容；如果是因为解题思路有误而出错，需多做同类型的题目来巩固正确思路；如果是因为粗心大意而出错，需要在日后做题时更加细心、认真。

✎ （4）定期复习

使用错题集复习法，不是将错题收集、整理完毕就万事大吉了，还需要定期翻看、复习。建议大家每周或每月翻看一次错题集，重新做一遍错题，检验自己是否真正掌握了相关知识点。

错题集是我们要在复习过程中频繁使用的重要材料，因此，所收录的错题的质量至关重要。那么，哪些错题才值得我们收集、整理入错题集呢？

在繁忙的学习生活中，我们不可能把每一道做错的题都收集、整理出来，那样既浪费时间，又浪费精力。我认为，主要有3类错题值得我们收集、整理。

第一类，因为有知识盲区而做错的题。

这类题目之所以做错，很可能是因为做题时考虑得不够全面，或者对某些知识点掌握得不够扎实。这类错题对应着我们的知识盲区，因此非常值得我们反复练习和深入思考。

第二类，一错再错的题。

这类错题反映着我们的解题思路与正确的解题思路的偏差。针对这类错题，我们需要进行专题训练，强化正确思路，避免在同样的问题上反复出错。

第三类，因为审题不清而做错的题。

出现这类错误，说明我们可能混淆了某些概念、知识点，或者在审题时不够仔细。想规避这类错误，我们需要加强对概念、知识点的辨析，同时提高自己的审题能力。

收集、整理错题时，我建议大家使用活页本。这样做有两个好处，一是便于我们随时添加新的错题和相关思考；二是便于我们根据不同的逻辑对错题进行分类和整理。随着我们收集、整理的错题越来越多，我们会发现，错误是可以分门别类地归纳的。比如，我们可以按照章节或错误原因对错题进行分类。这样，复习时，我们就可以根据自己的需要，快速找到目标错题进行回顾和思考。

在这里，我要强调一点，制作错题集是一项需要长期坚持的工作，我们不能只在考试前整理错题，应该在平时的学习过程中养成及时记录、定期回顾错题的好习惯。

总之，错题集是我们学习的得力助手，使用错题集，不仅可以快捷地找出自己的知识薄弱点，还可以避免在同样的问题上反复犯错。通过制作和使用错题集，我们可以更加高效地进行复习，提高自己的学习成绩。所以，不要忽视错题集的重要性，从现在开始培养收集、整理错题的习惯吧！

第六节

如何提分

大家是否曾在考试前熬夜奋战却收效甚微？是否曾用大量的时间进行复习但成绩始终不见起色？出现这种情况，可能是因为我们的考前提分方法用错了。

北清学霸用他们的经验告诉我们，**提分，不仅关乎努力，还是一场策略的较量。**

这些策略包括如何掌握应试复习技巧、如何在考试中精准得分、如何调整心态以便从容应对考试压力、如何合理分配时间等。通过对众多北清学霸进行访谈，我总结出了3个简单、高效的提分方法，接下来介绍给大家，帮助大家在考试中取得优异的成绩。

1 实操演练作业法

想在考试中取得好成绩，除了需要掌握扎实的基础知识，还需要在考试时保持冷静、专注，高效审题并解题。为了让自己熟悉考场环境，拥有更好的考试状态，我们可以使用一种名为"实操演练作业法"的方法进行日常学习。

什么是"实操演练作业法"？看看考上北京大学的学生文轩高中时是如何写作业的，大家就明白了。

文轩说："我认为，写作业的最重要功能是巩固学过的知识，检测一下还有哪些知识点没有掌握牢固。我觉得，有一个很有用的方法可以帮助我们更好地通过写作业提分，即给自己限定写作业的时间，比如，某个作业里面有6道选择题，我们可以按照标准的考试时间折算一下完成这6道选择题所需要的时间——高考时有12道选择题，需要分配30分钟左右，那么，6道选择题应该用15分钟左右的时间完成。这样给自己限定时间进行训练，解题速度会逐步加快。

"此外，写作业的过程中，如果遇到不会做的题，不要立刻看书。如果立刻看书，看完书再来做题，不仅效率很低，而且对相关知识点的记忆不会很深刻。我建议大家做作业时,遇到不会做的题目,先空出来,画一个圈,或者做一个记号,等把所有会做的题目都做完了之后,再对照着作业中空出来的题目把相关知识点看一遍,看完之后,合上书做题,效果会更好。

"若大家能把每一次做作业都当成参加考试,主动寻找、感受在考场里的感觉,真正上考场的时候就不会发怵了。"

实操演练作业法的本质就是把每次做作业都当成参加考试,其作用核心在于两个方面,一是计时,二是模拟考场环境。

(1)计时

计时是使用实操演练作业法的关键环节之一。

计时,是为了让我们更好地管理时间,增加在限定时间内完成任务的紧迫感。

在平时做作业的过程中,我们可以通过计时给自己施加类似参加考试时的时间压力,这样可以帮助我们更好地掌握答题节奏、提高答题效率。此外,计时做作业还可以让我们更好地了解自己的答题速度,从而在考试时更好地分配答题时间。

比如,在做数学题时,我们可以自行设置每道题的答题时间,要求自己在规定的时间内完成答题。如果发现自己无法按时完成答题，就需要深入分析原因，找出问题所在，并采取相应的措施加以改进。多进行这样的训练，我们可以在考试时更加从容不迫地应对时间压力。

除了做数学题，写语文作文时也可以为自己设置完成时间。写语文作文时，我们可以先设置一个时间目标，比如40分钟，再开始写作，要求自己在40分钟内尽可能多地写出内容。如果时间到了，还没有写完，需要停下来，通篇审视自己的作文，找出不足之处并加以改进。多进行这样的训练，我们可以提高自己的写作速度和写作质量。

实操演练作业法的另一大作用核心是模拟考场环境。

✎（2）模拟考场环境

模拟考场环境，是为了让我们更好地适应考试的压力和氛围。

做作业时，我们应该努力模拟真实的考场环境，比如关闭手机、电脑等干扰源，避免外界干扰对自己的注意力造成影响。与此同时，我们可以适当地主动增加心理压力，比如设置更加严格的时间限制、要求自己在做作业时保持高度专注等。多进行这样的训练，我们可以在考试时更好地应对各种挑战，保持最佳状态。

在参加考试之前，我们一定要多进行这样的训练，比如在做模拟考试的时候，从方方面面入手，严格模拟考场环境。

具体而言，至少要做到以下几点。考虑到考试时长一般为一个小时或者两个小时，那么在等量的时间段内，请爸爸妈妈不要进门打扰；桌面要高度整洁，模拟考试时的桌面，只留下和考试相关的文具；如果中途想去洗手间，可以去，因为考试时也是可以申请去洗手间的，但如果饿了、渴了，不能离开座位去拿零食、拿水，因为考场上不允许这样做；遇到不会做的题目，不能翻书，如果是一道大题，能写多少步骤就写多少步骤，争取拿一点过程分，如果是选择题或者填空题，先做个标记后空过去，等做完所有会做的题目还有时间的话，再回过头来思考；如果做完全部题目还有一些时间，不要急着对答案，依然像在考场上参加考试一样进行检查，把这些时间用于训练我们在高压环境中的细心能力。

以上步骤就是针对考场环境的基本的刻意训练步骤，训练的重点不仅在于掌握知识点和答题技巧，还在于加强对竞技状态的了解与熟悉。

注意，我们对考试感到紧张，很多时候不是因为知识掌握得不扎实，而是因为对考试状态比较陌生。考试也是一件"熟能生巧"的事情，多模拟、多练习，心态自然会越来越平和。

综上所述，实操演练作业法是非常实用的学习方法，同时解决着考试中"时间紧张"和"心态紧张"两大难题。通过不断进行计时和模拟考场环境这两个核心训练，我们可以更好地适应考场环境，提高自己的专注力和答题效率。

日常学习中，我们可以根据自身的实际情况和需求，灵活使用实操演练作业法训练各项能力。比如，容易受外界干扰的学生可以加强模拟考场环境的相关训练，提高自己的抗干扰能力；答题速度较慢的学生可以加强计时相关训练，提高自己的答题效率。

总之，大家千万不要害怕考试。如果我们能在平时做作业时使用正确的方法，不断进行实操演练，我们会发现，考试并不可怕，相反，它是敦促我们不断进步的动力源。让我们从现在开始，用正确的方法完成作业，努力提高自己的学习效率和应试能力吧！

2 借力刷题提分法

在学习的过程中，我们时常遇到各种困难和挑战，有些知识，似乎无论如何努力都无法掌握。有没有一种学习方法可以帮助我们打破困境、攻克难题呢？不妨试试借力刷题提分法。

什么是借力刷题提分法呢？

借力刷题提分法的"力"指的是目标难题的参考答案。这些难题的参考答案凝聚了前人的智慧和经验，是反复推敲、打磨而成的，因此具有极高的学习价值。

简单来说，借力刷题提分法是借助真题、例题或模拟题的参考答案，通过学习和模仿答案的组织方式掌握知识、快速提分的一种方法。这种方法的使用核心是学习答案、模仿答案，进而找到拿高分的"捷径"。

我们要明白，"刷题"并不是盲目地做题，而是有针对性地选择经典题目进行深入剖析、透彻理解。在这个过程中，我们不仅要关注题目本身，还要关注答案的组织方式。答案是如何一步步推导出来的？包含哪些关键信息和逻辑重点？这些思路和信息都是我们需要学习和模仿的。

数学，作为一门逻辑严谨的学科，是借力刷题提分法的绝佳应用学科。比如，学习几何时，我们可以选择一些经典题目，深入研究它们的答案，琢磨答案是如何利用已知条件一步一步推导出结论的。透彻理解目标题目的解题思路后，遇到类似的题目时，我们就能够快速地梳理出解题思路了,甚至能够举一反三,解决更复杂的问题。

物理和化学也是可以使用借力刷题提分法提分的学科。物理中的力学、电磁学等相关知识点,化学中的反应机理、物质性质等相关知识点,都可以通过刷题来加深理解和记忆。在刷题的过程中,我们要特别关注答案中的关键信息和逻辑重点,记忆答案的组织方式,以便更好地理解和掌握知识。

除了理科学习,在文科学习中,借力刷题提分法同样有着广泛的应用。

以历史学科为例,借力刷题提分法可以帮助我们更好地理解历史事件的基本情况和意义。通过研究标准答案的组织方式,我们可以了解如何分析历史事件、归纳历史规律,从而培养自己的历史思维,提高解题能力。比如,对于某一历史事件,我们可以选择一些典型题目,深入研究标准答案的解题思路、要点和组织方式。这样,日后遇到类似题目时,我们能迅速把握解题方向,提高答题的准确性和完整性。

总之,作为一种高效学习方法,借力刷题提分法在很多学科的学习与提分中展示了独特的魅力——它不仅能帮助我们快速明确知识点,还能指导我们高效运用知识解决问题。每一次深入研究答案、每一次模仿答案的组织方式,都是我们向高分迈进的阶梯。让我们继续使用这一强大的学习方法,稳步提高自己的学习成绩,为未来的学术道路和职业道路打造坚实的基石吧!

3 30秒考试高分法

考试,是时间和策略的博弈。在考试中,时间是极宝贵的资源。刚拿到试卷时,我们可能会感到紧张,这时用30秒快速浏览试卷是一个明智的选择。此举不仅能帮助我们平复心情,还能让我们对试卷有一个初步了解,为接下来制定时间分配策略做好准备。

这30秒的浏览时间,能够帮助我们为自己制定一个清晰的时间分配策略。在其他考生盲目紧张、焦虑时,我们已经迈出了走向成功的第一步。

很多选秀节目中的选手在正式登上舞台展示自我之前,会有一段与主持人互动的时间,用来缓和紧张情绪。考试也是如此,很多人需要用这30秒的时间为自己"热身"。

清华大学的学生小华在高中阶段曾遇到一个难题——平时学习成绩优秀,但总是在考试中因为时间分配不当而错失高分。后来,小华尝试使用30秒考试高分法缓解紧张情绪并优化时间分配策略,每次考试开始时用30秒的时间快速浏览试卷,困扰他已久的考试时间分配问题被逐步解决。高考的时候,由于试卷难度较大,小华的很多同学做到一半时才发现时间不够用,越考越紧张,严重者发挥失常,小华却从容不迫,不仅答完了所有题目,还留出时间检查了试卷。最终,他的成绩非常理想,如愿考上了清华大学。

用30秒浏览试卷是我们制定时间分配策略的基础,在具体的时间规划和策略制定方面,还有以下几点建议供大家参考。

首先,在做题顺序方面,先做自己擅长的题型、把握大的题目,确保相关分数能够稳稳拿到,再做自己不熟悉的题型、难度较大的题目,将其留在最后,集中精力攻克。

其次,面对选择题,如果不确定应该选择哪个答案,不要花费太多时间。可以先做一个记号,等做完所有题目再二次思考。

再次,面对填空题与简答题,要努力确保答案的准确性和完整性,同时注意在答题纸上留下足够的空间,便于检查时修改和补充。

最后，重视交卷前的检查环节。做完所有题目后，建议大家用至少 5 分钟的时间检查作答情况。主要检查答案的准确性、计算题步骤的完整性、公式书写的规范性等。

其实，除了可以在考试中使用 30 秒考试高分法，在具体题型的练习中也可以使用 30 秒考试高分法。比如，在语文考试中，作文是重中之重，需要大家平时多加练习，提高写作能力。如果大家每次写作前都能用 30 秒的时间对文章的结构进行通篇规划，那么大家的成文过程一定会越来越顺畅，提质又提速。这就叫作"磨刀不误砍柴工"。

综上所述，合理的时间分配和出色的考试策略对在考试中取得高分而言至关重要。使用 30 秒考试高分法，我们可以在短时间内快速了解试卷的整体情况，制定合理的答题策略。良好的心态和稳定的情绪是取得好成绩的重要保障，借助于合理的答题策略，希望每位考生都能在考试中取得优异的成绩！

第四章 04 时间管理及精力管理

大家是否总是感觉时间不够用,经常需要匆忙地应对各种任务?或者经常在长时间学习后感觉身心俱疲、效率下降?如果你有类似的困惑,那么,北清学霸的时间管理与精力管理技巧或许能为你提供一些帮助。

北清学霸大多明白,时间是我们用于努力学习、持续精进的有限资源,而精力是我们学习、精进时所需要调用的心理资源和生理资源。那么,北清学霸是如何合理规划时间,尽量让每一分每一秒都得到充分利用的呢?又是如何平衡学习与休息,确保自己始终保持高效状态的呢?

接下来,让我们一起了解北清学霸的时间管理及精力管理技巧。借鉴他们的经验,更好地掌控自己的学习节奏与状态。

第一节

北清学霸的时间管理秘籍

时间是极其宝贵的资源,学习任务繁重时,我们会经常觉得时间不够用,很多事情来不及完成。那么,如何高效地管理时间,让生活更加有序和充实、让学习更加有条理和自如呢?接下来为大家介绍北清学霸的时间管理秘籍。

在着手进行时间管理前,我们要明确一点:**时间管理不是要求我们通盘安排所有事情,而是要求我们合理安排自己做事的顺序并相应地调整自己的状态。**

时间的最大特点是不可逆——一旦流逝,就永远无法找回。因此,我们要珍惜每分每秒,让它们发挥最大的价值。

在日常生活中,大家是否经常感觉时间不够用,学习、生活、娱乐无法平衡?是否想要提高自己的学习效率,在获得更好的成绩的同时享受闲暇的时光?

如果大家的答案是肯定的,那么就需要学习并掌握一些时间管理方法了,让自己的时间更有价值、更有意义。下面给大家介绍4个北清学霸亲测有用的时间管理方法。

1 专时专用法

专时专用法,是提高时间利用效率的一个行之有效的方法。什么是"专时专用"?就是在固定的时间做固定的事情,使之成为一个长期的习惯。那么,专时专用有什么作用呢?

很多人说自己早晨起床很困难,可能是因为他们没有针对早晨的时间做计划,没有找到督促自己起床的理由。我有一个朋友,连续13年,每天早晨5点到7点起床写作,雷打不动,不管是状态好还是状态不好,始终坚持早起写作。这让他养成了一个习惯,一到早晨5点就会醒,甚至不需要定闹钟,如果有一天没有早起写作,还会觉得很空虚、很无聊。

再举一个例子。接受我访谈的北京大学的学生小武,读高中的时候语文成绩不太好,于是他每天晚上10点到10点15分坚持在宿舍熄灯前抄写名家美文,抄完后才洗漱、睡觉。坚持了高三一年,他的高考语文成绩成功逆袭。

由此可见，在固定的时间做固定的事情，会让我们的大脑产生一种条件反射，进而形成自然而然的肌肉记忆和行为记忆。

使用专时专用法，大家可以每天专门安排一个合适的时间，完成固定的任务。这个任务最好和自己的目标一致，比如你想提高语文成绩，就在这个时间背古诗词；你想提高数学成绩，就在这个时间做数学题……养成长期的习惯后，到了特定的时间，你不需要进行思考、决策，就会自然而然地完成目标任务。这样坚持一段时间后，你会发现，长期积累带来的成果是显而易见的。

一天中，专时专用法并非只可以单次使用，针对任何一段相对固定的时间，都可以使用专时专用法。

初中、高中阶段，如果大家的学习任务比较重，很多学科需要固定时段学习，建议大家先找到几个能固定下来的时段，再为想提升的学科匹配合适的学习任务。比如，在早晨去上学的路上听英语课文，在午饭、晚饭时背古诗词，在睡觉前背单词等。把几十篇古诗词、几千个单词这样体量庞大的任务拆分到几个固定的时段去做后，我们会发现学习压力变小了，且成绩提高了。在努力的过程中，发现用这些之前看似不值钱的碎片时间完成了这么多任务，我们的自信心也会随之增加。

养成这种专时专用的习惯,对于未来的工作和生活很有益处。比如,我曾经固定用洗漱和通勤的时间听书,每天听几章,一年下来,可以听几十本书,每年如此,累计量之大,超乎想象。

这就是时间的力量、习惯的力量、积累的力量,也是专时专用法的力量。

2 四象限法

面对繁重的学习任务和琐事时,很多人会陷入时间管理困境,不知道应该先完成哪个任务,再完成哪个任务,也不知道应该把哪个任务作为重点任务。

因此,时间管理的关键,是有确定任务优先级的能力并能够合理规划完成任务的时间。

四象限法是简单有效的时间管理方法,通过把任务分入4个象限,帮助大家更好地规划任务、管理时间。

四象限法涉及的 4 个象限分别代表"既紧急又重要""重要但不紧急""紧急但不重要"和"既不紧急又不重要"。

注意，高效管理时间的前提是我们对自己的生活进行过全面的审视，列出了每天要做的事情，并按照重要性和紧急性对其进行了分类。这样做是帮助我们明确哪些事情是必须做的，哪些事情是可以放一放的，以便更有条理地处理各事项。

四象限法的具体使用方法是先把自己的任务写在一个清单上，再使用四象限对其进行分类。

举个例子说明。我们一天中需要做很多事情，比如完成老师布置的作业、针对目标考试进行系统复习、参加学校组织的活动、日常社交等，把这些事项逐一写下来。

下一步如何做呢？使用四象限对以上事项进行分类。

在第一象限"既紧急又重要"中，填写老师布置的作业；在第二象限"重要但不紧急"中，填写针对两个月后的期末考试计划完成的系统复习任务；在第三象限"紧急但不重要"中，填写学校中的临时事务，比如参加学校组织的活动，帮老师、同学做一些杂事等；在第四象限"既不紧急又不重要"中，填写休闲社交活动。如此一来，针对当下的事项，我们在四象限中做好了分类。接下来，四象限法就能发挥作用，帮助我们做时间规划了。

针对4个不同的象限，我们应该如何分配时间和精力呢？要遵循以下4个原则。

既紧急又重要的事情：马上做。

重要但不紧急的事情：计划着做。

紧急但不重要的事情：选择性地做或授权做。

既不紧急又不重要的事情：挑着做。

如此一来，我们就明确自己应该在不同事项上投入的时间和精力了。

规划日常学习任务时，我们应该优先关注"重要"导向，用一天中精力最好的时间，做最重要的事情。建议大家优先做既紧急又重要的事情，同时重点规划重要但不紧急的事情。

需要注意的是，"重要但不紧急"象限很容易被忽视或轻视，这是错误的态度。这个象限中的事情可能不紧急，但对个人的长期发展和价值观塑造具有重要意义，必须加以重视。

有计划地复习以便应对几个月后的大型考试、坚持运动以便保持身体健康等，都属于"重要但不紧急"象限。这些事情是否在做，不会立刻影响日常生活，因此很多人会拖延或者忽视它们，此时，如果我们能够在日常安排上给予重视并持之以恒地给予关注，它们会给我们的长期发展带来令人惊喜的回报。

试着用四象限法打破我们"很忙但没成果"的状态吧，让我们付出的时间和努力有所回报！

3 计划可视化法

大家知道吗？做好时间管理，可以让自己很有成就感。通过时间管理获得成就感的秘诀在于让计划可视化。

北京大学的学生茹茹力荐大家在日常学习中使用一个很好用的工具，该工具名为"日历计划表"，见表4-1。

表 4-1　日历计划表

周一	周二	周三	周四	周五	周六	周日
2月28日	3月1日	3月2日	3月3日	3月4日	3月5日	3月6日
9:00—9:30 做一道英语听力题 下午专业课 带上电脑	8:00—8:30 晨读半小时 16:00—17:00 班会 18:00 看电影	8:00—8:30 晨读半小时 9:00 开始复习高数 下午去美术馆看展览 8:00 同学聚会	8:00—8:30 晨读半小时 9:00 开始复习高数 14:00 健身私教课	9:00 专业课 带上电脑 取快递报告 周日妈妈生日，做好准备！	8:00—8:30 晨读半小时 14:00 开始班级篮球赛，去加油！	妈妈生日！今天就陪妈妈好好玩！
记30个单词 ☑ 交作业 ☑ 网课 ☑	健身 ☑ 整理笔记	记30个单词 ☑ 夜跑 ☑ 考试报名	打疫苗 ☑ 记30个单词 健身 ☑	订蛋糕 ☑ 订餐厅 ☑ 买礼物 ☑ 网课 ☑		

　　茹茹从初中开始使用日历计划表辅助学习，大学期间也没有弃用这一得力工具。茹茹会把每天的任务分配入具体的时段，分配好之后，写在日历计划表中，贴在书桌上，对照着日历计划表一一执行，每完成一项任务，就在对应任务旁打一个勾，一天结束时，完成和没有完成的任务一目了然。

　　看到自己列的计划如期完成，任谁都会很开心吧？尤其是在我们提前把相关任务写出来，让自己清晰地看到众多任务被一项一项完成的情况下，会特别有成就感。茹茹就是这样不断调动自己的学习动力的。

　　这个方法，我也经常使用。我非常期待任务完成之后在计划表上打勾的一瞬，那为我提供着不拖延、高效完成任务的强大动力。当我能够比计划用时少，又快又好地完成任务时，我的快乐会翻倍，并激励自己在同等时间内安排更有挑战性的任务。

这背后的心理动机类似于玩游戏时不断闯关的心理动机。每闯过一关，都会得到即时的正向反馈，进而获得成就感。这种成就感，往往会促使我们迫不及待地开始挑战下一关，甚至上瘾到停不下来。

计划可视化法依托同样的原理，目的是让使用者对学习"上瘾"。只不过和玩游戏不同，学习中的"关卡"是自己定的，可以更灵活，避免因为"关卡"太难、反复受挫而失去学习动力。

注意，即使我们没有完成自己定的计划，也不要过于自责。我们要学会调整心态，告诉自己未完成计划的原因可能是我们当下还没有习惯计划中的节奏，给自己安排了太多任务。在这种情况下，建议大家减少单位时间内的任务量，等自己适应了较快的节奏，再逐步增加任务量。经过一段时间的实践和调整，相信大家的时间规划能力和任务分配能力会越来越强。

我们要清楚地知道，使用计划可视化法，一方面是为了更加清晰地看到自己的计划，进而完成自己的计划，另一方面是为了通过看到自己完成计划的结果，爱上这种能够掌控自己的时间的感觉。这种对时间的掌控感、对学习和生活的掌控感，会让我们更自信、更主动地去规划和实现自己的目标。这是推荐大家使用计划可视化法的最重要的原因。

4 琐事隔绝法

为什么我们总是感觉自己每天都在忙,但忙不出成果?仔细想想,很有可能是因为我们的时间被"偷走"了。

大家看一看,自己是不是有过如下经历?计划学习一个上午,没想到手机一会儿收到一条信息,一会儿接到一个电话,总是有朋友找我们聊天或帮忙做事情,结果呢?自己看似忙忙碌碌一个上午,实际计划中的任务没有完成多少。

这种情况很常见,因此,要想做好时间管理,让我们的时间投入有回报,就要学会使用琐事隔绝法,勇于拒绝别人随意占用我们的时间。

具体应该怎么做呢?

我们可以先设置一段完全隔绝外界信息和干扰的时间,在这个时

段专心做自己的事情，再专门安排一段时间，集中回复和处理来自他人的信息。

这种隔绝琐事的意识的养成和能力的提高，不仅能够让我们当下的学习更高效，还能够在我们未来的工作、生活中发挥至关重要的作用。

大家谨记，不懂得拒绝、没有自己的时间规则，等于放任别人没有边界感地打扰我们，受影响的是我们，备受困扰的依然是我们。严重的琐事干扰是非常影响我们的生活、工作和心情的，我的一位朋友曾经深受其害，以下节选部分我和他的对话。

朋友说："你知道我现在上班时最怕的是什么吗？最怕微信突然弹出消息，同事又找我帮忙做事。我经常忙同事的事情忙到晚上8点，才发现自己应该写完的方案只写了一个标题。最惨的是这个时候微信突然弹出新消息，老板催问我怎么还不交方案！我的时间都用来帮别人干活了，哪有空忙自己的事情？！"

我想了想，问道："我问你一个问题，你觉得你的同事一两个小时找不到你，会怎样？"

他沉默，思考。

我继续说："其实很多时候，不是别人的问题，是你自己的问题。

生活中，所有人都需要两部分时间，一部分时间叫作琐事隔绝时间，用来进行深度思考，不被琐事打扰。比如，我每天早晨7点到中午11点绝对不看手机，专心写书、备课，别人想找都找不到我。另一部分时间叫作琐事开放时间，还是用我举例，每天中午11点之后，我会集中回复信息。如果你能如此给自己设置时间规则，生活一定会有序很多。"

每天设置一段将自己与琐事隔绝的时间，确实需要勇气，但此事并没有大家想象的那么难以实现。每个人都有自己的生活，我们不要放大自己在别人的生活中的重要程度，同时，不要忽视对自己的时间的掌控权。

我访谈的北京大学的学生晓雯在这方面做得很好，她说自己有个习惯，晚上11点之后就不回复任何邮件和信息了，第二天早晨再回复。身边人知道她的习惯后，很少会在晚上11点之后打扰她。这种习惯没有给她带来她曾经担心出现的"人情世故"方面的问题，反而让她感受到了对自己的时间和生活的掌控力。

综上所述，我们要学会使用琐事隔绝法，拒绝别人"偷走"我们的时间，做自己的时间的主人。记住，只有学会拒绝那些不必要的邀请和任务，才能把更多的时间留给自己的目标和梦想。

总之,时间管理并不复杂,关键在于我们是否愿意珍惜并高效利用有限的时间。合理地规划自己的时间,才能让生活更加有序、充实。从现在开始,让我们一起珍惜时间、高效利用时间,创造更加美好的未来吧!

北清学霸的精力管理秘籍

为什么有些学生不仅成绩很好，还有时间和精力培养兴趣爱好，每天看起来精力充沛，而有些学生将几乎所有时间用在了学习上，成绩依然不理想，而且每天看起来特别疲惫？

生活中，经常有人问我："你每天这么忙，为什么看起来还是精力充沛？有什么精力管理秘籍吗？"被问的次数多了，我便认真思考了一下：为什么有些人每天可以做很多事情，而且不累？

在写这段内容的月份里，我不仅需要完成几万字的书稿写作，还需要写100条短视频文案、录制30节课程，同时去北京大学上课、筹备一个新的访谈项目。听到以上任务量，大家可能觉得我会处于一种焦头烂额的状态，但实际上，我的状态非常好、非常从容。为什么呢？因为精力管理是我一直在坚持做的事。要知道，我们的状态和工作效率是直接挂钩的。

大家知道最高效的学习状态是什么状态吗？是心流状态。

每一次进入心流状态，我们写作会如行云流水，思考问题会更加深入、透彻，甚至看书效率都会让自己觉得自己是个学霸。相反，当我们处于困、累、焦虑、大脑缺氧等状态时，是无法高效学习与工作的。仔细观察一下身边的人，我们会发现，脑力工作者是最容易长白头发的，也是最容易疲惫的，因为大脑才是真正的"能量吸血鬼"，大脑疲惫了，人会特别累。只有大脑不累，我们才能高效地学习与工作。

那么，为什么有些学生能够学得好还不累呢？原因在于他们懂得精力管理，会让大脑合理、高效地休息。其实，学习时间的长短不能和学习成果的多少直接划等号，要想持续地取得好成绩，必须学会精力管理。下面为大家介绍两个精力管理方法。

1 中间态精力管理法

大家是否有过如下感觉？过节、过周末、过寒暑假时，总是越休息越累。听起来好像不合常理，但是仔细想一想，大家会发现类似的情况很常见。为什么呢？因为单纯的休息并不是获得轻松感的正确方式。正确的精力管理，并不是大多数人认为的在长期的紧张学习、工作后，用整块的时间集中放松、休息。

我要介绍的第一个正确的精力管理方法叫作中间态精力管理法。什么是中间态？顾名思义，指中间型状态。

轻松感，是一种对应中间态的感受，它不与辛苦劳作完全对立，不等同于纯粹的休息，是一种在摆脱上一个长期不变的状态，切换到下一个状态的过程中获得的愉悦感受。

不管是运动状态还是静止状态，是思考状态还是放松状态，只要长期处于一种状态，人就会感觉到"累"。而在摆脱一种常态，切换状态的过程中，人会获得轻松感。

这种方法如何应用到学习中呢？长时间学习会产生疲惫的感觉，尤其是长时间学习同一学科，会更快速地产生疲惫感，因此，学习过程中，我们需要记住以下两点。

(1) 学习与非脑力活动交替进行

非脑力活动，可以是娱乐，也可以是运动，尽量避免持续消耗脑力即可。比如，学习了一个小时，有些疲惫，接下来可以做什么？可以去游泳，因为学习和游泳（运动）一个动脑，一个动身体，适宜交替进行。对学习来说，游泳就是在"休息"。如果一直游泳，也会很累，因此，游一会儿泳后可以去学习，针对游泳，学习就是在"休息"——身体不累了。这就是所谓"下一个状态是上一个状态的休息"。

（2）学科间交替学习

学科间交替学习指的是什么呢？举个例子，我们以背语文课文开始一天的学习，背了一个小时，背得口干舌燥，此时就可以切换学科，调用另一感官，比如，听英语录音。相对于背语文课文，听英语录音就是一种休息——学科的切换使得我们的感官得到切换休息，大脑在这个过程中也得到了休息。我们的大脑是分区域工作的，长时间学习同类内容，会反复使用大脑的同一区域，很容易让大脑感觉疲惫，导致注意力涣散；学习不同的内容，会使用大脑的不同区域，让大脑保持对新鲜事物的关注，因此，定时切换学习的学科，有助于我们的精力、记忆力保持正常水准。

与学科间交替学习类似的是合理切换学习状态，交替调用不同感官，比如，听、说、读、写交替进行，也能让大脑的不同区域在过程中得以交替休息。

我就是一个鲜活的例子。我去英国留学前，需要在短时间内提高英语水平，达到雅思考试至少考7分的程度。为了让自己的学习效率更高,我会刻意避免自己在单一类型的学习中持续过长时间。比如,做完一道阅读题,我会主动切换为听力练习;听、写一段时间,稍感疲惫时,我会切换为口语练习。除此之外,我会在每天的学习间隙穿插跑步、打羽毛球等活动。如此一来,虽然每天学习十几个小时,但是我的学习疲惫感并不多,学习的专注力和效率都保持了不错的水准。最终,在短短3个月的时间内,我的雅思考试成绩从5.5分的程度提升到了7分的程度。

其实,中间态精力管理法,学校也一直在用。一是学校会适时安排跑操,帮助学生放松大脑、活动身体,二是学校会穿插安排不同类型的学科的学习,每节课45分钟,不会连着3节课上数学。这些安排,能够最大程度地保证学生的精力充沛、状态良好。

因此,在日常学习过程中,建议大家合理使用中间态精力管理法,让自己的时间更有价值、精力更加充沛、学习更加事半功倍。

2 主动走神法

大家是否曾感觉在自学或者上课听讲时难以保持长时间的专注?

其实，这并不是罕见的状态，与大脑的特性有关。

我们要明白，每个人的专注力都是有限的，即使是学习状态极佳的学生，也很难在一节课的 45 分钟内始终保持全神贯注。

研究表明，不同年龄段的人，单次专注时间是不相同的，而且专注状态很容易被各种因素干扰。在理想的环境中，1 岁到 3 岁的幼儿，专注时间大约为 3 分钟——用"3 分钟热度"来形容 1 岁到 3 岁的幼儿很合适；6 岁到 12 岁的学龄期儿童，专注时间大约可以增长到 15 分钟；12 岁到 18 岁的青少年，专注时间能够达到 30 分钟左右。那么，如何科学地利用专注时间呢？答案是适时使用主动走神法——若觉得难以集中精力，不必过于自责，主动走神片刻，状态会好很多。

注意，在需要休息的时候，大脑会自己执行走神的操作，对于我们来说，这是被动走神，接下来要讲的，是化被动走神为主动走神。

主动走神法是一种通过主动分配注意力来提高学习效率的方法。这并不是让大家在学习过程中主动分心，而是让大家在学习过程中学会适时放松，将注意力集中在重点部分，同时避免因疲劳导致被动的注意力分散。

很多北清学霸会在学习时使用主动走神法。例如，清华大学的学生方芎会在课前通过预习确定哪些知识点是自己已经掌握的，哪些知识点是自己不清楚的,从而在上课时,针对自己已经掌握的部分,适当降低专注度;针对自己不太清楚的部分,分配更多的专注度,重点学习。这样做不仅能提高学习效率,还能避免因疲劳导致注意力分散。

除了在上课时使用主动走神法(在上课时使用的主动走神法又称精力分配听课法,在第三章第三节有详细讲解),大家还可以在日常学习中使用主动走神法——每学习一段时间,主动走神几分钟,做一些轻松的事情,比如欣赏墙上的画、整理桌子、收拾书包等。这样做不仅能让大脑得到休息,还能提高学习效率。

注意,主动走神时也要遵循一些原则。首先,不要进行大量思考,否则大脑并没有得到真正的休息。其次,不要让情绪产生过大的波动,以免影响后续学习的效果。再次,要控制好主动走神的时间,不要影响正常的学习进度。最后,走神期间不要看视频、看小说、玩竞技游戏,因为这些活动会让我们的大脑更紧张,达不到通过主动走神让大脑放松的目的。

总之,主动走神法是一种科学的学习方法,能帮助我们更高效地利用专注时间。掌握了这种方法后,大家会发现自己的精神状态更加饱满了,学习效率显著提高了。

第三节

如何克服拖延

拖延,是学习的头号天敌,常常让人陷入焦虑和挣扎。想要快乐学习,首先得战胜拖延。然而,现实是,很多人饱受拖延之苦,明明想做,也必须做,却总忍不住拖延,宁可让自己烦躁、不安和焦虑。想必很多人对此感同身受,正如领导学专家罗宾·夏玛所说:"不是因为某件事很难,你才不想做,而是因为你不想做,让这件事变得很难。"

理财畅销书《小狗钱钱》中提到了一个重要的法则——"72小时法则",说的是决定做一件事后,72小时内必须开始行动,否则很可能永远不会行动。可见,要完成一件事,关键是"动起来"。

其实,克服拖延并没有想象中那么难,只要掌握了正确的方法,我们就能随时开始学习,并迅速进入最佳学习状态。接下来就为大家介绍3个"无痛"摆脱拖延的方法。

1 "做得容易"法

大家是否曾因某个任务过于艰巨而感到焦虑,迟迟不愿开始行动?其实,几乎每个人都有拖延症,尤其是面对看似困难的事情、任务。拖延,本质上是我们的畏难情绪在作祟。

举个例子,如果面前有 5 个台阶,我们大概率会不假思索地往上爬,因为我们会觉得"反正也不难,轻轻松松地就爬上去了";如果面前有 500 个台阶,我们则很可能会有些犹豫,因为我们会在开始爬之前就考虑很多问题,比如,"中途会不会累?""会不会爬不完?"等,这些想法,使我们惧怕开始行动。注意,这些想法就是导致拖延症出现的罪魁祸首,即畏难情绪。

那么,如何解决这类问题呢?答案是尝试使用"做得容易"法。"做得容易"法主张通过简化任务、降低任务难度来克服拖延,具体操作是将一个看似庞大、复杂、困难的任务拆解成若干个小且简单的子任务。这样做的好处在于,每个小任务都相对容易完成,会减少面对巨大压力时的畏难情绪,提高完成任务的积极性和效率。

使用"做得容易"法的核心在于简化任务、降低任务难度,将复杂任务拆解成若干个小且简单的子任务,让任务"做得容易"。

以一个具体的学习任务为例进行说明。假设我们正在准备一个重要的考试，需要复习大量的知识点，面对厚厚的课本和笔记，我们很可能会感到无从下手，进而产生拖延心理。此时，使用"做得容易"法，我们可以将复习内容拆解成若干个单元，每个单元包含一定数量的知识点，每天或每周集中精力复习一个单元，既能保证学习的连贯性和深度，又能避免因任务过于庞大而产生畏难情绪。

总而言之，面对艰巨的任务，我们要刻意地告诉自己，这不是什么大事，不要给自己施加太大的压力，走好当下的每一步即可。若我们能把高山分解成一个一个"台阶"，把大任务拆解成小任务，让每一步都"做得容易"，一定能够在很大程度上克服畏难情绪，进而摆脱拖延的困扰。

2　5分钟启动法

大家是否曾因过于追求完美而陷入拖延困境？其实，很多时候，我们迟迟无法开始做一件事，不是因为不想做好这件事，而是因为太想把事情做得完美无瑕。

听起来，这有点反常识，因为按照常理，我们会觉得，我们越重视、越在意一件事情，越不会拖延。但事实往往相反，越重视的事情，越让我们有压力，在有压力的状态下，我们能够更清晰地预想到做事过程中可能会遇到的困难、挫折、不顺。要知道，人会本能地趋利避害，我们会想方设法地避开那些痛苦的体验，因此会拖着不做、不行动。在这种心理的作用下，我们很可能会因为害怕做不好、做不到完美的程度而拖延。

其实，我们都陷入了一个误区，实际情况是：对于想要做好的事情，越是不敢开始，越是难以完成得令人满意。这就好比写论文，很多学生会在时间充裕时执着于"准备"，想等到自己做好万全准备再开始，导致自己在低效率的焦虑状态中拖延到最后期限才匆匆赶进度，如此安排时间，结果必然不尽如人意。

我在北京大学写毕业论文时有过类似的经历。因为有考博士研究生的打算，所以我对自己的毕业论文抱有极高的期望和要求，我希望能够将毕业论文写得出彩，日后发表于期刊，为自己考博士研究生助力。在这种情况下，我在还未着手写毕业论文时，就给自己施加了很多心理压力，比如"万一我做不出好的研究怎么办？""万一我写到中途没有灵感了怎么办？"……这种完美主义心态，使得写毕业论文在我心中成为一件重要且困难的事情，我迟迟无法动笔写作。

那么，如何破解这一困境呢？答案是使用"5分钟启动法"。5分钟启动法的核心指导思想是"不要等到万事俱备才行动，因为永远不会有完美的开始时刻"，我们要学会放下完美主义，勇敢地迈出第一步。

面对任务，尤其是内心抵触的任务时，请告诉自己："我只做5分钟，现在就做。"

这不仅是一种心理暗示，还是一种行动指南。

不要过多地关注整体任务和计划，也不要过分担忧步骤、顺序或意义，告诉自己："我只需要用5分钟，试着开始做。"这5分钟不是任务的完成时间，而是开始行动的热身时间。

记住，无论结果如何，这5分钟都不是无意义的。即使你觉得自己不行，用5分钟尝试一下也是无碍的。告诉自己："就用5分钟试着开始，做不好又能怎样？"试着把这种心态融入自己的思维。

相信我，这5分钟足够让大家正式开始推动一项任务。5分钟后，当大家进入工作状态时，会发现之前的焦虑和不安已经在不知不觉中烟消云散了。一旦进入工作状态，就成功了一大半。即使日后再次陷入拖延困境也不怕，因为之前已经取得了一些进展，那种积极的完成感将帮助大家克服畏难情绪，推动大家继续前进。

注意，5分钟启动法推崇的是在想清楚之前就着手工作、在有计划之前就展开行动。这似乎与常理相悖，因为大家通常认为，应该先制订计划再行动。可以说，5分钟启动法针对的是"克服拖延"，不是"完成任务"，其重点是通过小小的完成感帮助我们建立信心、增加愉悦感。

一旦开始行动，大多数人是不希望半途而废的，因为那意味着巨大的沉没成本。为了避免浪费已付出的时间和精力，大多数人会选择持续努力，直至任务完成。

完成感会在完成任务的过程中不断地得到强化，渐渐地，原本觉得困难重重的事情会变得轻松起来。若有一天，我们想起某项艰巨任务时，不再感到压力、焦虑、抗拒，而是充满信心，一定是因为有了"开始"的勇气。不要浪费时间去思考应该如何开始，请直接付诸行动，这样做是有可能获得积极的反馈的。

5分钟启动法可以在面对生活中的各种任务时使用，如面对阅读、运动等任务。如果大家经常苦恼于没有时间阅读，可以将书放在床头，告诉自己，早晨起床后读5分钟，晚上睡前读5分钟，不多，各5分钟即可。一旦养成阅读习惯，大家会发现自己的阅读时间在不知不觉中逐渐增加，甚至有可能在一个学期内读完5本书或10本书。同理，如果大家觉得一天的课程和作业已经让自己筋疲力尽，无法进行体育活动，可以选择每天下楼快走 5 分钟或完成简单的贴墙站立、蹲马步等轻松运动，这些运动不仅容易完成，还能帮助大家轻松地养成健康的运动习惯。

总之，"开始"是关键。一旦行动起来，事情就会变得容易处理并完成。着手行动后，绝大多数人的内心会充满成就感，这种成就感是继续努力、坚持不懈的原动力。因此，不要再犹豫，现在就针对目标任务开启你的"5 分钟"吧！

3 "甜头"激励法 💡

大家是否注意到这样一种情况？我们之所以会拖延，很多时候是因为目标任务被我们认定是苦的。那么，怎么让自己更快乐、更有动力地去完成任务呢？不妨试一试使用"甜头"激励法，即适当地给自己奖励。

在克服拖延的过程中，保持积极的情绪非常重要。为了激励自己，我们应该及时为自己提供奖励，给自己一点"甜头"。有了"甜头",我们便不会觉得完成任务是一件苦差事。这个"甜头"可以成为一种暗示,帮助我们克服拖延并获得积极的反馈。

接受我访谈的清华大学的学生小清和我分享了她的故事。

小清说,读高中的时候,为了考入清华大学,她需要复习大量的文科综合知识,甚至有一个星期,她需要复习4本历史课本。由于需要复习的内容太多,即使历史是她比较喜欢的学科,她也感到非常疲惫。于是,她想了一个方法来激励自己:给自己买了一大桶最喜欢吃的口味的冰激凌,规定自己每复习3个章节的历史知识,就可以吃一个冰激凌球。使用这个方法,她如愿在一周内完成了对4本历史课本的复习,同时享受了一桶美味的冰激凌。这桶冰激凌便是她复习历史知识的"甜头",让她更有动力去完成学习任务。

使用这个方法,她为自己创造了如下心理暗示。

"只要不拖延,我就会快乐。"

我也有类似的经历。

前文提过,很多年前,在我准备出国留学时,我需要在3个月内将雅思考试的成绩提高到至少7分,当时,我的成绩与目标成绩有很大差距,只有5.5分。为了通过雅思考试,我需要每天学习十六七个小时。那段时间，我从早晨6点起床一直学习到晚上12点睡觉，除了吃饭，几乎没有休息时间。学习过程中，我一度感到崩溃，觉得学习太辛苦了。

在我感觉快坚持不下去了的时候，教过我的一位高中老师给了我一些建议。这位高中老师提醒我："为什么不给完成了阶段任务的自己一些奖励呢？"我恍然大悟。于是，后来的日子里，如果当天的任务都完成了，我就奖励自己晚上去家门口的广场上跑步、听歌、放空自己。这个方法让我的状态好转了很多——每天起床后，我都动力满满地去完成任务，期待着晚上难得的放松时光，带着快乐的心情投入学习。

大家看，给完成阶段任务的自己一些"甜头"真的很神奇，不仅可以抵消学习过程中的辛苦，还能不断调动自己的学习动力。因此，在克服拖延的努力过程中，记得及时给自己一些奖励，无论是一袋零食、一个一直想买的笔记本，还是一集期待已久的美剧，只要能让完成阶段任务的自己尝到"甜头"，你的学习就会进入"有付出就有回报"的正向循环。

综上所述，克服拖延的最终目的是让我们通过行动摆脱内耗，获得成就感，进而建立自信。

从不拖延的人绝不是"苦行僧",恰恰相反,他们通常是生活得很丰富、很快乐的人。

第五章 05
情绪管理及心态管理

学习中,我们不仅要努力吸收、内化全新的知识,还要合理处理自己的情绪变化和心态波动。有时候,我们的情绪和心态会直接影响我们的学习效果。

焦虑、压力、紧张、抑郁、网瘾、人际关系问题……这些都是我们可能在学习、生活中遇到的挑战。有些孩子会因为无法妥善处理这些挑战,自己给自己扣上"问题少年"的帽子。其实大可不必,因为这是很多人会在成长过程中遇到的挑战,正视即可,不必过于担忧。健康成长的关键在于,我们要学会调整自己的心态,合理应对各种情绪问题。

很多北清学霸的成长并非一帆风顺,他们也曾遇到这些挑战。本章,他们会用自己的经历告诉我们:情绪管理及心态管理,同样是学习高手的必修课。接下来,我们一起探讨如何调整情绪和心态,更好地应对学习挑战吧!

第一节

感到焦虑、压力大，怎么调整

焦虑、压力大，是当代青少年比较普遍的学习状态及生活状态。接下来，给大家介绍 3 个调整情绪和心态的方法。

1 适度压力法

要知道，压力并非只会带来负面影响，我们要好好地利用压力，让它为我们的学习与成长提供助力。

适当的压力能够激发紧张、兴奋的状态，帮助大家更好地集中注意力。大家想一想，自己是不是在紧张、兴奋的状态中思维更活跃、反应更快，且更有可能取得超常的成绩？

生活中，大家可能会发现，有些运动员、歌手是所谓的竞技型选手、舞台型选手，类比到校园中，有些学生是所谓的考试型学生。这些人有一个共同点，即比较善于利用压力。压力像一匹马，驾驭得好，就是千里马，带我们驰骋，为我们加速；驾驭不好，就是野马，不仅不听我们的话，还会让我们"人仰马翻"。以运动员为例，一个运动员的一生，只要依然在赛场上奔走，就需要和压力和平共处。运动员是不能没有压力的，否则，他们会丧失竞技状态。但是，运动员也不能有太大的压力，否则，他们会神经紧绷，极易失误。

综上所述，我们要学会调节压力，使用适度压力法，把压力控制在适度范围内，紧张、兴奋，但不焦虑。

2 少想多做法

很多焦虑的来源是"想得太多、做得太少"。切切实实地做事，是将自己从焦虑情绪中抽离出来的有效方法。

根据清华大学的学生双双的观察，她身边，绝大部分同学有自己的、各不相同的压力。双双说，她觉得，同学们会感觉压力大和焦虑，很大程度上不是因为作业多、任务重，而是因为自己想得太多、做得太少。双双认为，与其担心马上要到来的考试能不能考好，不如用这个时间多做几套数学题；与其针对已经过去的考试患得患失，不如静下心来为未来的考试多背两篇古诗词。

有的人可能会说，我也不想想那么多，但是有的时候，感觉自己的大脑里在跑火车，自己完全控制不了自己的想法。其实，专注当下的能力是可以通过训练提高的。怎么做呢？大家可以充分调动自己的感官，训练自己专注当下的能力，比如，环顾四周，或凝视一道光，或细嗅一阵花香，或静听窗外风吹树叶的沙沙声，或轻抚自己正在做的习题册，当大家能够努力做到将注意力集中在当下时，大家会发现，自己开始慢慢平静了。

若我们能够像曾国藩所说的那样，学会"不念过去、不惧将来、专注当下"，我们就能够在很大程度上摆脱焦虑情绪的困扰。若我们能够专注当下，努力将每一天过得充实，并辅以日常计划表，让自己的每一个进步都能被看见，那么，我们一定可以拥有越来越多的自信和从容。

3 降低期望法

很多人的焦虑和压力，源于对自己抱有过高的期望，对结果投注过多的关注。有时候，过于"上进"，反而会影响自己的情绪和心态。

降低期待，不等于消除期待，而是将自己对结果的关注和追求控制在一个合适的度上。减少了压力，就减少了紧张情绪，实际结果可能会更好。

北京大学的学生胡强的经历很神奇，他说自己本来不是以北京大学、清华大学为目标的学生，而且他一参加考试就紧张，平时的考试成绩差不多可以上重点大学，但够不到北京大学、清华大学的分数线。是高考前的3次模拟考试帮了他。这3次模拟考试，胡强不是考得很好，而是考得很差，3次的成绩都远达不到考上重点大学的水平。没想到，这反而让胡强在心态上放松了。胡强说，我想到了最坏的结果，并且觉得我能接受——就算考一个普通大学，也没什么不好的，大学里继续努力就好。带着这种心态，胡强在考前更自如地复习，不去考虑自己能考上什么学校了，而是把精力集中在了当下复习的内容上。参加高考的时候，胡强的心态特别放松，他说，高考考场上，他感觉自己的思路特别清晰，不像平时考试时那样，要用好多心思缓解紧张。结果出乎大家的意料，但又在情理之中——胡强超常发挥，被北京大学录取。

这个例子着实振奋人心，而且，这不是个例。

清华大学的学生青青在读高三的时候因为压力大，成绩波动特别大，某次期中考试甚至从班级前几名掉到了20多名，但及时转变心态后，成绩很快回到了前几名。青青说："我发现，我越是想着考到多少分、多少名，我越考不好。而我不想最后的结果，只用心复习、答题的时候，反而考得还不错。"

这就是降低期望法的神奇之处，它让我们的精力从关注结果转变为关注过程，让我们的心态更放松、从容，从而正常发挥，甚至超常发挥。

第二节

考前紧张如何克服

我们常认为,成绩优秀的学生考试前会相对轻松、自如、不紧张,但实际情况恰恰相反——他们往往需要直面更大的压力,担心自己一直保持的优秀成绩会有所波动。这种担忧使得成绩优秀的学生在考试前更加紧张,越紧张,越容易出现失误,因此,他们更加关注如何克服考前紧张,并在考场上保持稳定的心态,确保自己正常发挥。

那么,北清学霸克服考前紧张的方法是什么呢?

首先,我们要对考前紧张有一个正确的认识。紧张并不完全是负面的,适度紧张有助于我们的大脑快速运转。因此,我们不必过分关注紧张情绪,过分关注紧张情绪可能让本为助力的适度紧张成为我们发挥正常水平的障碍。

清华大学的学生小米曾遇到非常严重的紧张问题。小米读初一的时候曾因为数学成绩不佳而害怕考试,某次月考,过度紧张的他在考试前呕吐了。这件事给小米带来了很大的心理压力,他开始担心每次数学考试前都会出现呕吐的情况,这种担心使他的学习状态受到了影响。

幸运的是,小米的母亲非常有智慧地处理了这件事。她没有过于紧张,也没有放大这个问题的严重性,让小米更加担心,而是告诉小米,意外的呕吐可能是早饭没吃好导致的,与考前紧张无关。同时,她告诉小米,适度紧张是正常的,甚至有助于他在考试中发挥更好的水平。在母亲的宽慰下,小米逐渐放下了沉重的心理压力,他开始明白,紧张是正常的情绪反应,不必过于担心。随着时间的推移,小米的数学成绩逐渐提高,他也慢慢学会了与压力和谐相处。

由此可见,我们要用客观、正确的态度对待紧张情绪。只要我们认识到紧张是一种正常的生理反应,就可以更好地面对它,不让它成为影响我们正常发挥的障碍。

其次,很多北清学霸提到,缓解考前紧张的有效方法是"功夫在平时"。这些北清学霸会在平时做作业、做练习时模拟考试的时间安排和答题状态,尽量还原真实的考试场景。如此做作业、做练习,可以帮助他们对考试脱敏,降低直面考试时的紧张感。通过一次次模拟练习,他们会对自己的水平有更充分的信心,从而更自信地面对考试。在平时的练习中,我们可以使用这种方法模拟考试场景,以便在直面真正的考试时更加从容不迫、心中有底。

最后,能否快速调整心态、进入考试状态也是影响考试发挥的关键因素之一。

访谈中,北京大学的学生小胡告诉我,高考时,他因为过于重视考试而无法及时调整心态、集中注意力答题。高考时,小胡不断提醒自己该考试的重要性,导致语文试卷上的3篇阅读理解题几乎看不进去,甚至出现了手抖的情况,直到考试过半,小胡才真正能专注于做题,逐渐接受了自己的紧张感。遗憾的是,当年,小胡的阅读理解题做错了5道,原本擅长的语文学科在高考中成了他的弱势学科。小胡说,如果再多做错一道题,可能他就无缘北京大学了。

由此可见,心态直接影响着考试发挥。高考中,几分之差,就可能与心仪的大学失之交臂,因此,我们一定要掌握一些方法,帮助自己克服考前紧张,快速进入考试状态。比如,在考试前速做几道题,用以热身,帮助自己进入考试状态;又如,进入考场后,做一些习惯性的动作,模拟日常练习场景,给自己"这次考试和日常练习一样"的心理暗示;再如,模拟居家场景,把桌子上的文具摆在固定的位置,给自己营造熟悉的环境。通过使用这些方法,我们可以更快地摆脱紧张情绪,进入考试状态。

总之，我们要学会正确对待紧张情绪，将其视为正常反应，并使用恰当的方法来面对。通过使用这些方法，让自己更好地应对考试压力，发挥最佳水平。记住，考试并不是衡量我们价值的工具，而是助力我们成长和进步的契机。让我们以积极的心态去面对考试吧，相信自己，才能自如地迎接未来的挑战。

第三节

感到抑郁，如何自救

抑郁症，一个令人揪心的名词。《2022年国民抑郁症蓝皮书》显示，青少年抑郁症患病率为15%~20%，这一数字逐年上升并呈现低龄化趋势。每5个孩子中就有1个孩子被抑郁困扰，这是一个令人震惊的现状。

尽管"抑郁症"这一名词已经逐渐被人们熟知，但针对它，社会上仍然存在很多误解和偏见。很多人错误地认为抑郁症是软弱的体现，是缺乏意志力的表现，但其实，抑郁症是一种严重的心理疾病，并不受个人的意志左右，是由多种因素引起的病理性情绪障碍。抑郁症患病率上升及低龄化趋势是我们无法忽视的问题，需要我们共同努力解决。

大多数抑郁症患者是从感受到轻微的抑郁情绪开始发现自己的异常的，因此，感受到自己的抑郁情绪后，我们应该积极调整，避免其进一步恶化。

那么，我们应该如何应对自己的抑郁情绪呢？以下是一些实用的建议。

(1) 转化思维

不要沉溺于当下的情绪，要将关注"为什么出现问题"转变为关注"怎么做才能解决问题"。

当我们的关注点从"为什么出现问题"转变为"怎么做才能解决问题"时，我们会从感性思考转变为理性思考，这有助于我们快速摆脱情绪的干扰。

针对"怎么做才能解决问题"进行的思考应该是具体的、可执行的，而不是过于宏大的或非常模糊的。比如，我们可以制订一些具体的计划，类似于每周给好朋友打两个电话。这样的计划让人有掌控感，更能促成改变。当我们感到沮丧时，容易陷入消极状态，各种糟糕的想法会接踵而至，比如"我完蛋了""我再也好不起来了""我很糟糕"等。这时，我们可以尝试给自己设定一个具体的目标：去写一篇文章、去完成一份习题，或者去和朋友约一顿饭。让哲学家去思考人类的终极问题吧，我们的首要任务是认真关注自己生活中的点点滴滴。

✏️ （2）正向思考

正向思考并真心感激自己所拥有的一切。

记住，心态决定状态。

在同样的境遇中，有些人看到的是无尽的困难和痛苦，有些人则能找到点滴的美好和希望。即使遇到挫折，也要学会正向思考，不要夸大问题的严重性。如果我们总是纠结在困难和痛苦中，忽视所拥有的和值得快乐的事情，那么我们很难摆脱痛苦的影响和束缚。

作家史铁生说过一段话，大意为"当我刚不能走路的时候，我坐在轮椅上度日如年，怀念着曾经奔跑和打篮球的日子；几年后，我在轮椅上生了褥疮，每天都感觉难受无比，那时我每天都怀念没有褥疮、皮肤完好的日子；又过了几年，我患上了尿毒症，每天需要透析，那时我总怀念有褥疮但还能安静地坐在轮椅上的时光。这说明了一个道理：我们往往对过去的日子充满怀念，而对当下的困境感到痛苦不堪。实际上，每个当下都是生命中的宝贵瞬间"。

因此，我们应该珍惜当下，专注于眼前的事物，更好地感受生命的美好。

(3) 重视"当下"的力量

《当下的力量》的作者埃克哈特·托利曾说，从表面上看，当下只是生命中的片刻，但生命由无数个片刻组成。因此，我们应该把握当下，培养专注于当下的思维状态和心态。

法国作家罗曼·罗兰曾说，专注于当下，你将不受过去的困扰，也不会担心未来的不确定。事实正是如此，世界上，很多事情是无法预知的，我们能做的只有尽量把今天的事情做得完美一些，因为每一天都有当天的事情要做，努力做好今天的事情就是一种圆满。只要我们努力过好当下、不辜负生命，未来就不会有什么遗憾。与其去改变外在的人、事、物，不如改变我们的内心来得省时省力。大家会发现，转变了自己的内心状态之后，环境也会随之转变，这便是所谓的"境由心转"。

总之，面对抑郁情绪，甚至抑郁症，我们要有正确的认知和态度。通过转化思维、正向思考、专注当下，以及改变自己的内心状态，我们一定可以走出抑郁情绪的阴影，迎接美好的未来。让我们一起努力，成为更加阳光和乐观的人吧！

第四节

如何摆脱网瘾困扰

在这个信息爆炸的时代，网络和游戏成为很多学生学习道路上的阻碍，为不少家长平添很多困扰。很多学生因为沉迷于网络和游戏，不仅学习成绩一落千丈，与父母的关系也变得紧张。据我了解，他们会长期处于一种矛盾的状态：一边懊悔，一边无法自拔。简而言之，他们明白自己不应该沉迷于网络和游戏，但无法控制自己的行为。

那么，为什么网络和游戏会让人如此欲罢不能呢？

因为网络和游戏能够提供即时满足，而学习等需要付出努力去提升自己的活动提供的是延迟满足。

也就是说，在当下，学习等需要付出努力去提升自己的活动对于一个人的刺激没有那么强烈，我们会本能地倾向于追求即时满足。

人类之所以会有这种天生的"短视"，喜欢即时反馈和即时满足，是因为数百万年前，我们的祖先生活在资源稀缺的环境中，为了生存和繁衍，他们需要快速地获取食物和水源。这种生存的本能使人类的大脑持续分泌化学物质，促使人类去寻找并摄入食物和水。如果一个人能够迅速地获得满足，那么他会更轻松地生存。随着时代的发展和生物的进化，人类拥有了更高级的大脑控制单元，学会了制订计划和为了实现长期目标放弃短期利益，但人类大脑中的原始冲动并没有消亡，它仍然在努力争夺对身体的控制权，促使我们不断地寻求即时满足。

婴儿刚出生时最原始的生活状态是饿了就哭、不给吃的就一直哭、吃饱了就不哭了，这就是即时满足的表现。同理，如果一件事能让我们在短时间内看到成果和反馈，我们大概率会选择先做那件事。这就是为什么学习一个小时很难，而玩一个小时游戏很容易——玩游戏是有即时反馈的，每局游戏都会得到相应的或输或赢的结果，大脑能体验到即时满足，而学习一个小时通常得不到明显的成果和反馈。为什么大家很难控制住自己玩游戏的冲动？道理就是这么简单。

其实，几乎每个人都会受到即时满足的诱惑与干扰，不管处于什么年龄段。

那么，应该如何摆脱这种诱惑与干扰呢？

简单地说，要想办法用对"延迟满足"的追求取代对"即时满足"的追求。

《孩子，先别急着吃棉花糖》一书中说："学会忍耐，不急于享受眼前的快乐，也是一种取得成功的方法。"美国斯坦福大学做过一个著名的棉花糖实验，在棉花糖实验中，作为实验对象的小孩子可以选择立刻得到一样奖励（有时是棉花糖，有时是曲奇饼、巧克力等小孩子感兴趣的食物），也可以选择等待一段时间，等实验者离开片刻后返回房间（通常为15分钟），得到相同的两样奖励。在后续的追踪研究中，研究者发现，能为偏爱的奖励坚持忍耐更长时间的小孩子通常有更好的人生表现，如更好的学习成绩、身体质量指数等。

通常认为，这些能为偏爱的奖励坚持忍耐更长时间的小孩子，是能够接受延迟满足的人。

可能有人会问："延迟满足，是不是就是抑制自己的需求，故意不满足？"当然不是。延迟满足绝不是抑制自己的需求，而是适当地迟一些满足自己的需求。延迟满足，需要我们和自己的大脑做一个约定。美国作家凯利·麦格尼格尔提出过一个方法——等待10分钟，即在诱惑面前，安排10分钟的等待时间，如果10分钟后你还想要目标事物，那你就可以拥有它。注意，在这10分钟内，你应该时刻想着长远利益。

举个例子，学习过程中，想拿出手机玩之前，我们可以告诉自己:"等待10分钟,如果10分钟之后还想玩,就可以玩。"注意,在这10分钟内,不要一直想着手机有多好玩、一会儿要玩什么,而是应该思考玩手机会对学习产生什么样的影响,并问问自己,现在玩手机占用的是复习时间,很可能会导致高考失利,这是自己想要的吗?想想未来考上理想的学校后,受到亲戚、朋友的夸赞和羡慕的情景;想想自己凭借优秀的学历和出众的能力进入心仪的大公司工作的情景,这时候,你还愿意暂停学习,选择玩手机吗?进行了这样的思考,10分钟后,一般我们就不会想玩手机了。

此外,做一点补充介绍。不可否认,忍耐是一件需要消耗意志力的事情,若大家对自己的意志力没有足够的信心,可以多做一件事,即创造一些距离,让拒绝变得容易。比如,在学习过程中,把手机放在另一个房间,或者交给爸爸妈妈保管;又如,主动卸载相关软件,这样,就人为地为上网、玩游戏这件事情设置了障碍、创造了距离。

其实,大部分人一生都在和自己的"本能"斗争,即使是考上北京大学、清华大学的学生也不例外。在这个过程中,我们不需要焦虑,用对方法,就可以事半功倍。我在北京大学认识的同学,在赶写毕业论文的阶段,会纷纷使用卸载社交软件的方法,让自己更高效、更投入地完成任务。不瞒大家说,在写这段文字的时候,我的手机是放在另外一个房间里的,就是为了避免自己不自觉地看信息、刷视频。

别担心，有网瘾不可怕，北清学霸可以摆脱网瘾困扰，大家也可以摆脱网瘾困扰。

第五节

如何处理校园中的人际关系问题

群体生活中,我们不可避免地会受到环境的影响。我了解到,很多学生会因为在学校处理不好和同学的关系,导致学习成绩下滑,甚至产生厌学情绪和心理问题。研究显示,校园中的人际关系问题已成为青少年心理疾病的最大诱因。因此,我们必须给予足够的重视。

那么,面对校园中的人际关系问题,应该怎么做呢?我给大家讲一个真实的故事。

在我读本科的时候,有一位同班同学,温柔、漂亮,对每个人都非常好,然而,令人惊讶的是,她几乎没有真正的朋友,甚至有同学公然欺负她,与她同寝室的室友也公开孤立她。起初,我并不了解其中的原因,但与她交往几次之后,我发现了一些端倪。

有一次,她小心翼翼地来找我,带着零食,怯生生地问:"霄云,我是不是哪里做错了,得罪你了呀?"我一愣,赶紧否认:"没有呀,你为什么会这么想?"她说:"昨天在路上碰到你,我向你打招呼，你没有理我就走开了，我一直在想是不是自己做错了什么。"由于我们平时关系不错，她才鼓起勇气来问我。我有些愧疚，向她解释，说我当时正在思考问题，没有注意到她。她不太相信，反复询问我她是否做错了什么，并请求我告诉她。我多次解释后，她才松了一口气，并补充道："如果我做错了什么，你千万别不理我哦，一定要告诉我。"我满口答应，但内心为她感到难过。

我知道了她对每个人都非常好，却经常被人欺负的原因。她的"讨好型人格"让别人不珍惜她的好；她的顺从让别人觉得她软弱可欺；她太害怕没有朋友，所以用不平等的状态尝试交朋友，殊不知这样反而交不到真正的朋友。

大家发现了吗？在人际关系方面，我们越想努力得到什么，往往越得不到什么。不仅在学生时代，很多人成年后也会面对类似的困境：有人不喜欢你，你费尽心思去取悦他们，极可能影响自己的正常生活；领导百般挑剔时，你越觉得自己一无是处、越焦虑，就越做不好工作……实际上，若你会因为别人的评价而高兴或悲伤，说明你是为别人而活的，是不自由的。真正为自己而活的人会将自己与别人视为平等的主体，不会因别人的评价而患得患失。

《被讨厌的勇气》中有一个故事，很耐人寻味。哲人的祖父年轻时脸部曾遭受重创，面对这一不幸事件，有些人可能会带着"世界太残忍了""人们都是我的敌人"之类的想法生活，但哲人的祖父认为："人们都是我的伙伴，世界非常美妙。"因为他完全做到了自我接纳——不害怕被讨厌，也不在意别人的评价。

在访谈过程中，北京大学的学生小希的一句话让我感触颇深，她说："如果一个朋友不是真心对我好，也许从一开始他就不是我真正的朋友，我没必要为了失去这样的朋友而伤心、自责。"

高中时期，小希与一位好友感情深厚。该好友的学习成绩不出色，学习态度也不积极，每到课间和周末，总是邀请小希一起出去玩。小希不想让好友失望，一开始，每次都接受她的邀请，然而，随着高考临近，小希发现自己需要更加专注于学习，无法再像以前那样毫无顾忌地出去玩了。于是，小希鼓起勇气找到好友，真诚地告诉她自己的想法。好友虽然有些失落，但还是理解、支持着小希。

后来，小希顺利地考入北京大学，而好友进入了一所普通大学。虽然不再在同一个校园读书了，但她们之间的友谊并未受到影响，至今仍然保持着密切的联系。

我曾问小希，她坦诚告诉好友自己的决定前，是否担心过会失去这个好友？小希沉思了片刻，回答道："刚开始确实有些担心，但后来我意识到，如果因为真诚表达自己的想法而失去这个好友，也许她并不是我真正的朋友。真正的朋友应该理解我，希望我变得更好。这样一想，我便有了坦诚沟通的勇气。"

是的，我们不必勉强自己去迎合身边人，因为我们所处的环境不一定是最适合自己成长的环境；同样，我们不必刻意讨好别人以换取所谓的"友谊"，因为这种示弱的做法可能会引来别人的恶意。

综上所述，面对校园中的人际关系问题，我们需要明确自己的价值观和目标，勇敢地表达自己的想法。不必为了迎合他人而违背自己的心意，也不必为了追求表面的友谊而牺牲自己的利益，保持真诚和善良，与志同道合的人共同成长，才是我们应有的态度。在成长的道路上，让我们一起努力，成为更好的自己吧！

第六章 06 家庭教育

本章，建议各位小学霸和潜在学霸邀请自己的家长阅读。

在孩子的学习、成长之路上，家长的引导和教育起着至关重要的作用。北清学霸的成功，离不开他们自身的努力，也离不开他们的家长的悉心培养。

本章，我们深入探讨家长如何与孩子进行良好的沟通、如何帮助孩子提升学习兴趣，以及如何帮助孩子培养良好的学习、生活习惯。通过了解北清学霸的家庭教育，相信会有更多"学霸家庭"诞生。

第一节

如何与孩子进行良好沟通

沟通是优化亲子关系的桥梁，是家长了解孩子内心世界、引导孩子成长的必要手段。北清学霸的成功，在很大程度上得益于家长与他们有着良好的沟通。那么，作为家长，我们应该如何与孩子进行良好沟通呢？

1. "无条件的爱"支撑法

作为家长，我们要明白，与孩子沟通，不仅是言语上的交流，还是情感上的连接。很多时候，孩子不愿意与家长沟通，是因为害怕自己做的事情会导致爸爸妈妈责骂自己，害怕自己的一些不合适的做法或者想法会导致爸爸妈妈不爱自己了。我了解到，愿意向父母敞开心扉的孩子，大多能够在日常生活中感受到来自父母的充沛的爱、无条件的爱，即就算犯了错，也不影响自己感受到来自爸爸妈妈的爱。是这份安全感，让孩子在遇到问题的时候，愿意向父母倾诉、求助。

有些家长不理解，说："我当然很爱我的孩子，我连命都可以给他！他怎么会感受不到？！"

要知道，孩子的感受可能和家长的内心所想大相径庭。在孩子没有考出好成绩，家长举起巴掌的时候，家长当然知道自己还是爱他的，只是希望他吸取教训、更加努力，但孩子心中，会对爸爸妈妈是否还爱自己这件事产生怀疑。在很多孩子的心里，爸爸妈妈的爱是"有条件的"，只有当自己是个"乖孩子"、成绩优秀的时候，才能得到爸爸妈妈的爱，否则就会失去那份爱。这样的孩子，因为内心缺乏安全感，所以很难拥有真正的自信，从而很难拥有真正良好的自控力和自律能力。

能感受到"无条件的爱"的孩子，大多更有主见、更相信自己、更乐于对自己的行为负责。

北京大学的学生广广说，他的爸爸妈妈很信任他，相信他能够做好自己的事情，正是这份无条件的"相信"，让他有了很强的安全感和前进的动力。广广说，记得刚上高中的时候，由于需要融入新环境，他很不适应，第一次考试在班里排名倒数。面对如此糟糕的成绩，他的爸爸妈妈对他没有打骂、没有责怪，而是相信他可以通过努力赶上去。后来，广广真的用了半年时间，一步一步地赶到了班级前几名。广广说："我的爸爸妈妈是我的力量之源，每次在我自己都怀疑自己的时候，他们总说他们相信我，让我能够不断获得继续向前拼、向前闯的勇气。"高考前几个月，受心态影响，广广的成绩波动很大，爸爸妈妈的一句"孩子，你3年来的努力我们看在眼里，不管怎么样，你都是最棒的"给了他很大的信心，最后，广广在高考中正常发挥，如愿考上了北京大学。读大学期间，广广几乎每天都给家里打电话，和爸爸妈妈分享自己的学习和生活。

是父母"无条件的爱"，造就了如此良好的亲子关系。

因此，为了让孩子有足够的安全感，作为家长，应该给予他们"无条件的爱"，即无论孩子的成绩如何、犯了什么错，作为家长，都应该坚定地站在他们身边，给予他们信任和鼓励。这样，孩子才会敞开心扉，放心地分享他们的喜怒哀乐。

2 "同一阵营"沟通法

除了给予无条件的爱，作为家长，我们还要学会站在孩子的角度思考问题，成为与他们"同一阵营"的"战友"。有时候，孩子会遇到困难或挫折，感到失落和无助，此时，我们要努力与孩子共情，理解他们的感受，给予他们安慰和支持。这样，孩子才会感受到我们的关心和理解，更加愿意与我们分享他们的内心世界。

为什么很多孩子会拒绝和家长沟通呢？很重要的一个原因是他们觉得父母不是和自己"一伙儿"的。"反正说出来，爸爸妈妈也不会理解我，甚至会骂我，不如不说"，如果他们心里这样想，一定会选择不开口。这就导致很多孩子在学校里遇到了困难、做错了事情，甚至被同学欺负了，都选择不告诉家长，即使自己没有办法解决，也不寻求家长的帮助，导致事情越发展越糟糕。

很多家长难以理解孩子的选择，心想，我可是他最亲的人啊，他有什么事情是不能对我说的呢？百思不得其解。

为什么会这样？是因为我们的日常表达出了问题。

回想一下，孩子之前遇到事情向我们求助的时候，我们是不是常说"谁让你这样做的？""你真是太让我失望了！""你没做错事情，他会欺负你吗？"等话？就是这些话，把我们和孩子推到了对立面上，导致孩子不再愿意寻求我们的帮助，甚至把我们当成敌人。

因此，要想和孩子有良性的关系，让孩子愿意与我们沟通，我们需要学会使用"同一阵营"沟通法，即让孩子感受到我们是和他站在同一阵营中的，我们是他的伙伴，而不是他的敌人。

那么，应该怎么做呢？给大家分享 3 点经验。

其一，让孩子从小意识到，家庭是一个利益共同体，爸爸妈妈是自己坚强的后盾。

清华大学的学生小响的爸爸就是一个典范。从小响懂事起，小响的爸爸就对他说："男孩子要敢做敢当，犯了错要勇于承认。在外面，要行得正、坐得直，但如果真的犯了错，也不要隐瞒，要告诉爸爸妈妈，我们和你一起面对。"小响的爸爸给足了小响安全感，陪着小响成长为一个一身正气的大人。

在孩子成长的过程中，尤其是在孩子的价值观还没有成型的阶段，犯错误是难免的，此时，孩子是否愿意对家长倾诉他的想法，以及是否愿意接纳家长的建议，至关重要。这体现着孩子是否真的把家长视为"自己人"。

其二，任何沟通，都要以平等为基础。

北京大学的学生苏苏是在平等、自由的氛围中长大的。苏苏说，她的爸爸妈妈很尊重她，最重要的一点是，他们会和她平等地对话，遇到问题时"给建议",而不是代替她"拿主意"。这种教育,让她成长为一个独立、乐观的人。

在访谈几十位北京大学、清华大学的学生的过程中,我获得了一个令我惊讶的讯息:我访谈的对象,90%以上都不是在棍棒下严厉管教出来的,而是在轻松、和谐的家庭氛围中成长起来的。

因此,想要拥有良好的亲子沟通状态,我们要以平等为基础。首先,心态上,我们要摒弃"上对下"的心态。其次,沟通过程中,我们要尽量少说"你必须""你应该""我觉得"等主观性强且有命令意味的话。最后,语言技巧上,在和孩子对话的时候,我们要尽量避免使用质问、反问的语气,如"你自己觉得你这次考试考得怎么样?""你说说你在学校里学到了什么?"……这样的表达状态,会让孩子感觉自己是在被教训、被考核。

其实,只要我们转变提问的方式,就会让孩子有更多分享的欲望。

比如,"我看你今天特别开心,学校里有什么趣事?可以和妈妈分享吗?""我看你有些闷闷不乐,是遇到什么问题了吗?如果你想分享,可以对爸爸说,也许我能帮到你"……这样说,孩子就会感受到我们是与他平等的、是可以放心沟通的。如果孩子当下不愿意分享，注意，不要逼他，也不要生气，因为也许并不是孩子不想对我们说，而是他暂时没有找到合适的表达方式，或者他内心的情绪还没有梳理好，此时，家长应该多给孩子一些时间，告诉孩子："没关系，等你想分享了，你可以随时来找我。"等到孩子愿意和我们分享时，我们要学会倾听，切忌急于打断、压制孩子的想法，一味地给出我们的想法和建议。只有让孩子感受到平等，孩子才会慢慢地把我们当朋友，和我们无话不谈。

其三，为孩子营造自由、无压力的沟通场景。

北京大学的学生小爽说，自己的家庭很和睦，自己和爸爸妈妈是类似朋友的关系，上大学前，每天吃晚饭的时候会一起聊天，爸爸妈妈给她分享单位里的事情，她给爸爸妈妈分享学校里的事情；上大学后，她每天会给爸爸妈妈打十几分钟电话，分享有趣的事情，并和爸爸谈论国际局势，和妈妈聊各大超市的优惠活动等。

清华大学的学生熙然的家庭也是同样和睦的状态，熙然说，读高中的时候，妈妈每天晚上都会陪她在楼下跑步，一边跑一边聊天，那时候，她在学习上有比较大的压力，每天和妈妈聊一会儿，会觉得压力小了很多。

以上都是我们羡慕的亲子关系。在优化并维持良好的亲子关系的过程中,小爽和熙然的父母做对了什么呢?他们为孩子创造了自由、无压力的沟通场景,比如晚饭场景、夜跑场景,这种轻松的场景能够让孩子更自然地分享心事。

与孩子进行良好沟通,需要家长有足够的耐心和智慧。通过使用"无条件的爱"支撑法和"同一阵营"沟通法,相信大家一定能够与孩子建立牢固的情感连接,成为他们成长路上的良师益友。

第二节

如何帮助孩子提升学习兴趣

学习兴趣是孩子调动学习动力的源泉,也是孩子主动探索、深入学习的关键。北清学霸的优异成绩,很大程度上源于他们对学习有浓厚的兴趣。那么,作为家长,我们应该如何帮助孩子提升学习兴趣呢?

1 奖励引导法

很多家长对"棍棒底下出孝子"深信不疑,喜欢进行鞭策式教育,即不断给孩子挑缺点、改毛病,鞭策其进步。然而,对很多孩子来说,责骂、打压并不是合适的教育方法,在高压环境中成长起来的孩子,面对学习,更多的是"迫不得已",而不是"爱",很难有足够的学习兴趣。那么,如何让孩子从"要我学"转变为"我要学"呢?

要知道,兴趣是可以通过后天引导和培养逐渐形成的。奖励引导法是很多北清学霸的家长推崇的教育方法，简单来说，就是及时、具体地肯定和鼓励孩子的努力和进步，让孩子在学习过程中不断获得成就感，从而不断激发孩子对学习的热情。这种方法的使用关键在于，家长要善于发现孩子的闪光点，鼓励孩子发挥自己的特长和优势，让孩子感觉到学习是一件有意义、有趣的事情。

科学家、数学家、物理学家阿基米德有一句名言——给我一个支点，我可以撬起地球。杠杆原理是根据自然界的物理现象总结出来的，如今被应用在不同领域。有效利用杠杆原理，往往能让效率倍增。针对孩子的学习兴趣，也可以加杠杆，而奖励就是最有效的杠杆，因为人通常会为争取超额奖励而付出额外的努力。

有个企业职工食堂的承包商发现，该企业员工吃完饭后乱扔餐盘的现象很严重，工作人员收拾起来耗时、费力，于是找到办公室主任反映这一问题。一开始，办公室主任的做法是制定规章制度，规定如果在食堂吃完饭不把餐盘放到指定位置，罚款10元。此规定出台后，情况并没有好转。一开始，办公室主任以为是因为员工不知道该规定，特意把规定打印出来贴在食堂的墙上，但依然没有什么效果。后来，办公室主任猜测是因为没有人监督该规定的执行，于是让办公室的工作人员在食堂监督。要知道，如果员工素质够高，不需要监督也会遵守规定，很多员工不遵守规定，正是因为素质不高。办公室的工作人员饿着肚子在食堂里监督规定的执行，但没有罚款权，很多员工根本不加理会。又过了一段时间，办公室主任改变了策略，通知员工如果就餐后能够把餐盘放到指定位置，可以领取一个水果作为奖励。其实，这是近期办公室与食堂承包商协商好的提高员工用餐标准的项目，即使员工不把餐盘放到指定位置，食堂承包商也要在员工餐中加入水果。把水果变成文明用餐的奖励，此举一出，效果显著，食堂中乱放餐盘的现象锐减。这就是给予奖励的神奇效果。

奖励引导法中的奖励分为两种，一种是物质奖励，另一种是非物质奖励。

所谓"物质奖励"，是可以看到的、具象的奖励，能在短时间内大幅提升孩子的学习动力。

北京大学的学生若若说自己的爸爸妈妈很会用物质奖励法给予她正向反馈。若若的爸爸妈妈规定，若若每在学校里得到一张奖状，就能获得100元作为奖励，这100元对若若来说，就是努力学习、好好表现、争得奖状的动力。因为若若从小没有固定的零花钱（每次都是有事情需要用钱，临时向爸爸妈妈要），所以时不时地得到这些可以自由支配的资金，会让她特别有成就感。

清华大学人工智能专业的学生向北也曾受益于奖励引导法。向北从小喜欢电子产品,他的爸爸妈妈在他读初中、高中时许诺,只要他在期中考试或者期末考试中考到目标分数,就给他买他喜欢的电子设备作为奖励。向北说,记得高二升高三的时候,因为考得很好,爸爸妈妈奖励给他一台他心仪已久的大疆无人机,同时,他的爸爸妈妈告诉他,现在他可以通过努力"赚得"他想要的东西,未来他同样可以通过努力获得他想要的生活。这种有正向反馈的感觉,让向北更加乐于且更有信心努力学习了。

这两个故事告诉我们,想让孩子变被动为主动地面对学习,找到他们内心的"渴望"很重要。

当然,奖励引导法,不是一定要依托物质奖励,非物质奖励同样有效,比如表扬。其实,对很多人来说,他们前半生的努力,甚至一生的努力,都是为了得到至亲的人的认可。尤其是对孩子来说,爸爸妈妈发自内心的认可和夸赞,是他们前进的巨大动力。因此,作为父母,要多尝试发现孩子优秀的地方、有进步的地方,并且真心、诚恳地给予夸赞。这会敦促孩子不断重复正确的行为,去印证和维护自己在爸爸妈妈心中的"良好形象"。这里要注意一点,不要形式主义,即不要为了夸而夸,因为孩子的感知力和观察力通常很敏锐,他能察觉家长的夸赞是否真心。

大家听说过谚语"破罐子破摔"吧？对应教育语境，说的就是很多因为不断被家长批评而越来越讨厌学习，甚至放弃学习的孩子的心态。因此，家长一定要尝试用正向反馈、鼓励、奖励，帮助孩子越来越好。

2
犹太式家庭辅导法

如何让孩子变被动地学习为主动地学习呢？有一个很好用的方法，名为"犹太式家庭辅导法"，即由家长倾听孩子讲述学校的授课内容，陪伴孩子学习，提升孩子的学习效率和学习成绩。其实，对孩子来说，想快速、深刻地学习、理解某事物，最好的方法是尝试将它教给别人，即中国人常说的"教学相长"。大家可能听说过费曼的理论——只有发现自己能教别人时，才代表自己真的学会了。孩子在学习的时候，很容易觉得自己学会了，直到实际表达的时候说不清楚，才发现自己根本没真正理解相关知识。通过教别人，孩子不仅可以检验自己有没有真正理解某知识，还可以发现自己的知识盲区，促使自己更精准、主动地学习。

这个方法是日本的教育专家坂本七郎深入研究犹太人的学习方法后总结出来的，他发现其中的精髓是面对面学习。犹太人授课时经常让学生两人一组，相互讲授学习内容。坂本七郎以犹太人的这一学习方法为基础，归纳总结出了一套适合家庭教育的犹太式家庭辅导法。

在访谈的过程中，我发现使用过这个方法的学霸家庭不在少数，虽然他们可能并不知道自己在使用犹太式家庭辅导法。

北京大学的学生黄佳说，自己的爸爸很喜欢听自己讲在学校里学到的知识，尤其喜欢听历史知识和地理知识，在爸爸的影响下，黄佳对历史和地理格外有兴趣，高考时取得了优异的成绩。

清华大学的学生子木说，自己的爸爸妈妈会在带他去郊游的路上和他一起背语文古文和英语课文，他很享受那些时光，语文和英语学起来也越来越有动力和兴趣。

其实，我也是犹太式家庭辅导法的受益者。

我最初接触犹太式家庭辅导法是在读小学的时候。那个时候，爸爸看我背课文、背成语、背唐诗既辛苦又不快乐，于是说：“这样吧，你给爸爸解释一下这些成语、唐诗是什么意思。你把爸爸当学生，把自己当语文老师，带着爸爸分析诗句、分析作者情感，争取把爸爸教会。"我一听，感觉很新鲜，因为我终于不用埋头做题、对着枯燥的书本学习了，而是对着一个大活人讲授知识，很容易获得成就感。我一下子来了精神，课堂上老师讲的或难或易的知识点我都没有放过，努力地调取记忆、组织语言，讲给爸爸听。自从使用了犹太式家庭辅导法，我的语文成绩突飞猛进。

如何使用犹太式家庭辅导法？有以下几点需要注意。

首先，我们需要提前一天与孩子共同确定要讲授的学科。不必贪多，抓住一个学科，让孩子专注于讲授这个学科的知识。为了激发孩子的积极性，可以选择他们认为容易讲授的学科，慢慢来。

其次，每天早晨，我们要提醒孩子晚上要讲授的内容主题。尽管前一天已经与孩子商定，但有时孩子会忘记。早晨送孩子上学时简单提醒一下，确保他们还记着。这样，孩子在学校里会更加认真地听讲，为晚上的讲授做准备。

最后，在孩子讲授知识前，我们要明确说明，这不是在给家长讲课，而是在给"学生"讲课。要求孩子放下课本、笔记本，凭自己的记忆进行讲授——这样可以检验孩子真正记住了什么。如果孩子感到困惑或不知所措，可以引导他回忆课堂上遇到的问题及老师的板书内容。

通过使用犹太式家庭辅导法，孩子不仅有机会复述他在课堂上学到的知识，还能逐渐提高用自己的语言讲授知识的能力。如此一来，在学习过程中，他们会更加主动、积极，并且更好地掌握和消化所学的知识。

为什么犹太式家庭辅导法如此有效呢？我觉得跟人性有关。每个人的内心都有一点好为人师，当别人向我们请教的时候，我们会感觉被需要，感觉自己很有价值，因此会比自己独自学习的时候更知无不言、言无不尽。犹太式家庭辅导法巧妙地利用我们内心好为人师的人性，调动了我们的学习积极性。与此同时，我觉得做老师教别人会让我们有一种责任感，自学的时候，面对某些难点知识，我们可能会嫌麻烦，会得过且过，但教别人的时候，一方面，若"学生"追问为什么这里是这样、这个点怎么解释等，我们必须得解答；另一方面，如果我们讲不通、讲不透，我们会有挫败感，这种解答压力和挫败感，会逼着我们把难点知识彻底弄懂。

因此，家长们，若你们的孩子学习动力不够强，不妨试一试犹太式家庭辅导法，让孩子将知识讲给你们听，给孩子的学习增加动力。通过使用犹太式家庭辅导法，相信大家能够帮助孩子提升学习兴趣、优化学习效果，为孩子的未来发展奠定坚实的基础。

第三节

如何帮助孩子培养好习惯

好习惯是孩子成功的基石,能够帮助孩子更好地应对学习、生活中的挑战。北清学霸的优异成绩,很大程度上归功于他们从小养成的好习惯。那么,作为家长,应该如何帮助孩子培养好习惯呢?

1 照镜子影响法

"照镜子",顾名思义,就是让孩子看到父母的行为,潜移默化地受到影响,进而去模仿。使用照镜子影响法,依托的是榜样的力量。在访谈过程中,我发现,北清学霸中,受益于父母良好影响的人太多了。

"高中的时候,我爸爸妈妈不怎么在我面前玩手机,所以我也不爱玩手机。现在的很多爸爸妈妈自己整天玩手机、玩电脑,却要求孩子不玩，我觉得这不合理。"

"我妈妈每天早晨起床后都会叠好被子，所以我也养成了这个习惯，这让我觉得每天的开端都很好，学习很有劲头。"

"我爸爸每天早晨五点多就起来锻炼身体了，让我觉得我不能总是睡懒觉。因为早晨起得比较早，所以我早读的时间很充裕。"

"我爸爸妈妈工作都很忙，也很拼，经常需要晚上在家工作。我学习的时候，总觉得他们在陪着我努力，就像在学校里学习一样。"

……

大家看，比语言更有力量的是行动，我们怎么做的，孩子都会看在眼里，学到身上。因此，若我们为孩子有坏习惯感到苦恼，不妨从自身开始改变，使用照镜子影响法给孩子做个榜样。

2 慎重给予反馈与指导

生活中，我们常常听到这样一句话："父母是孩子最好的老师。"这不仅是因为父母会向孩子传授知识和生活技能，还因为父母的行为、反馈与指导会在孩子的成长过程中起至关重要的影响作用，影响孩子的认知和习惯的养成。

为什么反馈与指导这么重要呢？我们常说"当局者迷，旁观者清"，一个人很难全面地认识自己的行为和问题，需要根据外界的反馈与指导进行调整。在孩子的成长过程中，大人的反馈与指导很重要，而父母正是施加反馈与指导的最佳人选。

想象一下，如果我们在学习一项新技能，比如画画或唱歌，我们的老师是不是要根据我们的作品或表现给出反馈与指导，告诉我们哪里做得好，哪里需要改进？只有这样，我们才能明确自己的不足，有针对性地进行调整，提高自己的能力。如果没有老师的反馈与指导，我们可能会像一只无头苍蝇，不知道从哪里入手改进，很难取得进步。

注意，给出正确的反馈与指导并不是一件简单、容易的事情。大家可能会产生一个疑问："给出正确的、专业的反馈与指导，需要专业人士。如果我不懂，还去指导孩子，不会指导错吗？"没错，我们需要很明确地认识到这一点：在自己不懂的情况下对孩子进行指导，很有可能会误导孩子。因此，面对相对专业的技能或者知识，我们要有敬畏心。

很多家长需要反思，在日常生活中，我们经常基于自己的认知和经验给孩子提供反馈与指导，这些反馈与指导是否正确，是否适合孩子呢？如果我们没有经过深思熟虑，或者如果我们的认知大概率是错误的，一定要慎重给予反馈与指导。

我在线下做讲座时曾遇到一位家长，她很苦恼，说自己家的孩子学习很认真，但是成绩一直处于班级中下游，百思不得其解。我详细了解后得知一个细节，这个孩子会把课堂笔记记得特别工整、漂亮，不仅会将老师的板书一字不落地抄写下来，还会在有些需要画表格的地方用直尺比着画。

了解这个细节后，我推断导致这个孩子"看起来很努力，但是成绩不理想"的一大原因是课堂精力分配不合理，导致听课效率极低。进一步了解后，我发现，让孩子形成这个上课用90%的精力把笔记做漂亮的习惯的人正是她的家长。从她读书起，她的妈妈就要求她上课认真记笔记，并在她晚上回家后检查她的笔记。每当看到她漂亮的笔记，妈妈都会开心地夸奖她，因此，她养成了"把笔记记漂亮"的习惯。孩子从小就很重视来自家长的反馈与指导，但是，很可惜，这种反馈与指导是不正确的，孩子被培养成的习惯也并非好习惯，相反，是一个能够在很大程度上影响孩子的学习成绩的不良习惯。

在课堂上，比记漂亮笔记更重要的是跟着老师的思路认真思考。笔记，如果有遗漏，可以课后补，但老师的讲课内容是没有回放的。过于关注笔记的形式和美观度，会阻碍孩子认真听课，很有可能出现的情况是老师已经讲到下一个知识点了，孩子还在记上一个知识点的笔记，本末倒置。知识点越遗漏越多，成绩自然不会好。

分析之后，我请这位家长回家关注一下孩子对笔记内容的掌握程度。果然不出我所料，家长给我反馈说，孩子的确不理解自己在笔记中记下来的内容——因为妈妈夸赞的是"笔记漂亮"，所以"漂亮"是孩子记笔记时最关注的点。

这个例子告诉我们，作为家长，我们的反馈与指导对孩子有着深远的影响，我们需要时刻反思自己的行为和言语，确保给孩子正确的反馈与指导。

那么，如何给孩子正确的反馈与指导呢？首先，我们需要认真观察孩子的行为和表现，了解他们的优点和不足。其次，我们需要根据孩子的特点和成长情况，给出具体的、有针对性的反馈与指导。最后，我们要注意自己的态度和语气，以鼓励和肯定为主，避免给孩子带去负面影响。

作为孩子的第一任老师，家长的责任重大。我们需要不断学习、进步，掌握正确的教育方法和理念，为孩子的成长提供有力的支持和正确的指导。只有这样，我们才能真正成为孩子成长路上的良师益友，与孩子共同书写辉煌篇章。

彩蛋

第七章 07

考上北京大学、清华大学的学长学姐送给弟弟妹妹们的话。

也许前路不乏连绵的风雪，但永远不要忘记"瑞雪兆丰年"。

——赵俊皓

永远相信未来会更好。不是因为有了希望而坚持，而是因为坚持才会有希望。

——杨翼南

高考不是青春的终点，而是灿烂人生的新起点，越努力，越幸运，相信你的努力会给你提供实现理想的力量！

——王宇

我经历过你们的经历，你们终将成长如我。相信我们总会相见，在不远的未来。那时，我想听听你们的故事与思考。我不会祝你们永远"一帆风顺"，因为这不现实，我希望你们可以持续进步，不断经历，永远热血。

——黄麒嘉

人生是一场马拉松，请相信，一切都会是最好的安排。

——王子程

在最好的年纪,为最纯粹的梦想做最大的努力!要相信,高中三年是人生中极为充实、闪耀的一段时光!

——张恩泽

人生如旷野。在每个阶段全身心地投入、奋斗、尝试,勇敢且自由,无论终点何处,过程都足够精彩。

——徐一函

要敢于试错,积累失败的经验,通过不断迭代来逼近成功。

——孟令北

送你们我最爱的一句话:"你所热爱的,就是你的生活!"

——王相林

脚踏尘土而成人,心游万仞而登仙。

——孙一杨

如果你正被一时的不顺所困,不如放逐时光,看日落,等风来。

——范隽丞

附录 笔记簿

在这里,写下你的学习感悟与行动计划吧!

笔记簿

笔 记 簿

笔 记 簿

笔 记 簿

笔记簿

笔 记 簿